ちくま文庫

父が子に語る近現代史

小島 毅

筑摩書房

父が子に語る近現代史　目次

1 何のための日本史？ 12
「歴史」は作られる 12　外国あってこその「日本」 14
近代の始まりはいつか？ 16
2 他者の視線への配慮 19
日本を見る目を見直す 19　国の成り立ちはさまざま 20
なぜ歴史を勉強するのか 25
3 江戸の二つの歴史意識 27
町人と武士の自意識 27　「尊王攘夷」という標語 29
なぜ人材が輩出したか 32
4 「世襲」を支える「忠義」の理屈 34
赤穂浪士をめぐるジレンマ 34　凡庸を支える「忠義」のしくみ 36
くり返される世襲人事 39
5 定信の画期的教育行政 41
文武両道のすすめ 41　朱子学と徂徠学 44

人材登用制度の開始 46
6 武士道の成立と幕府の誤算 48
太平の世の綱紀粛正 48　武士道の中身 50
誰に対する忠誠か 53
7 教育熱 55
「尊号一件」の考え方 55　馬琴の基本コンセプト 58
藩校と寺子屋の充実 59
8 清朝の衰退 62
アヘン戦争 62　太平天国の乱 65
アロー戦争 67
9 幕末の動乱早わかり 69
幕府の威信の失墜 69　明治維新までの流れ 71
年代の覚え方 73

10 吉田松陰・久坂玄瑞・坂本龍馬——祀られた人々 76
松下村塾と安政の大獄 76　幕末のテロリスト 78
英雄に仕立てられた男 80

11 井伊直弼・近藤勇・篠田儀三郎——祀られぬ人々 84
正しかった決断 84　忠誠を尽くした新撰組 86
白虎隊の悲劇 88

12 新政府の制度と語彙 92
地方と中央の制度改革 92　西洋の制度と中国の語彙 95
大日本帝国憲法と教育勅語 97

13 岩倉使節団と教育改革の重視 100
岩倉遣外使節団の驚き 100　欧米諸国の変動 101
教育制度こそ重要 104

14 昌平坂学問所を切った東京大学 108
二つの大学の起源 108　「教育荒廃」の原因は 110

実学偏重は危ない 112
15 チェンバレンとモースの見た日本 115
お雇い外国人教師による記録 115 算盤と行水 117
民衆文化のスケッチ 120
16 窮余の太陽暦採用 124
寺の鐘で刻を知る 124 旧暦の精密さ 126
なぜ明治六年に改暦したか 128
17 鉄道物語 132
開業三十年間のすさまじい変化 132 大都市の鉄道路線網 134
そして新幹線へ 136
18 韓国問題と日清戦争 138
韓国への視線 138 征韓の思想 141
何のための日清戦争 143

19 日露戦争は防衛戦争ではない 146
「司馬史観」のゆがみ 146 『坂の上の雲』の見方 150
「韓」と「朝鮮」 151
20 歴史に向き合うということ 153
目をそむけるな 153 満洲事変から十五年戦争へ 155
植民地支配の本質 157
21 漱石の憂鬱 161
醒めた眼をもつ人々 161 「高等遊民」の世界 164
転換期の十年を象徴する 167
22 「人格」の流行と「国民文化」の強調 170
「人格」の発明 170 和辻哲郎の道元理解 172
和辻と津田の論争の土俵 175
23 大正デモクラシーと「常民」の発見 178
天皇機関説と政党内閣論 178 柳田國男の民俗学 180

合理を超える「常民」の世界 183

24 「吉野朝」と国家神道 185

南朝正統論 185　国定教科書偏向問題 186
国家神道の創造 189

25 大正から昭和へ 193

好況から不況へ 193　恐慌に始まった昭和 196
軍人は愚かだったか 198

26 軍部の台頭を考える 201

戦争の区別はできない 201　戦史をひとつながりで捉える 203
一国の指導者たることの難しさ 207

27 戦争の責任を考える 209

国民が支持した 209　始まりはいつも防衛戦争 212
わかりやすい図式で見るな 214

28 破局、そして再建 218
敗戦まで 218 戦後の改革と東西冷戦 221
歴史教育をめぐって 223

29 一九六八年 226
「古い権威の打倒」をめざして 226 革命運動の挫折と高度経済成長 228
この四十年、そしてこれから 231

30 シルクロードと韓流——幻影二題 234
見たくないものをこそ見る 234 さまざまな百周年 236

文庫版追補 238
文庫版あとがき 247
解説 出口治明 250

父が子に語る近現代史

1　何のための日本史？

「歴史」は作られる

前作『父が子に語る日本史』を書いてから一年が経ちました。この本は、日本の歴史を、僕が君に向かって話しかける文体で綴ったものでした。ただし、その叙述は江戸時代までで終わっています。書評やネットでも紹介されて評判になったので、図に乗ってその続編を書くことにしました。

前作では、昔の政治権力者が学者にまとめさせた歴史書、『古事記』と『日本書紀』が描く「日本」という国の成り立ちから、「日本の歴史」を語り始めました。いまでは「神話」に分類され、単なるフィクション・お話とみなされている記録ですが、こうした記録が作成され、そしてそれが読み継がれることによって、「日本」という国が存在してきたからです。言い換えると、日本国は、地理的に自然界にある日本列島さえあれば存在するものではなく、日本の歴史を記録・記憶し、その物語にもとづいた文化を育む人間の行為があってはじめて、国として存続することができたということです。だから、前作では縄文時代のことにはわざと触れませんでした。縄文時代にこの列島で生活していた人たちは、自分たちのことを「日本人」とは考えていなかったはずだからです。

その一方で、前作では、こうした「日本の国の成り立ちの物語」を歴史的事実だと思い込んでしまうことの危険性も指摘しました。

『古事記』や『日本書紀』を編纂した人たちには、彼らなりの立場や考え方があってこの歴史書を作ったのでした。その当時、「日本は、天皇という称号の王が、この国土を生み出した神々の子孫として治める国」と宣言することは、中国や韓国といった諸外国に対する自己主張として、また、日本国内の地方勢力がそうした諸外国に政治的・文化的に惹きつけられる傾向が強いので、それをつなぎ止める意味でも有効だったのです。『古事記』や『日本書紀』がなければ、日本はいまあるようなかたちの日本ではありえなかったでしょう。

たとえば、いまこの本を書くのに使っている日本語も、日本という国が存在しているからこそ、書き言葉としても機能しており、このようにして使えるのです。『日本書紀』を編纂した当時、書き言葉としての日本語がまだ存在しなかったため、この本は中国語で書かれていました。『古事記』にしても、中国語の文字や文法を用いた特殊な文体で書かれました。

とはいえ、日本という国の存在が手放しで礼賛《らいさん》すべきことかどうかは、また別問題です。もちろん、日本という国は現に存在しますし、僕たちはこの国から恩恵を受けています。でも、そのことにあぐらをかいて、「日本は昔からの由緒《ゆいしょ》ある国であって、この国が存在するのは当然のことだし、今後ともそうでなければならない」と思い込むのは、歴史の真相からはずれていると思います。日本が日本になったのは、日本ひとりの力ではないからです。

外国あってこその「日本」

そもそも「日本」という国号の表記自体、漢字という外来のものを使っています。七〜八世紀の政治指導者たちが、自分たちの政治組織のことを「日本」と呼ぶことに決めたのも、外国を意識してのことでした。

それまで、中国や韓国の人たちから、日本は「倭《わ》」と呼ばれていました。そしておそらく、「倭国」の政治指導者たちも、この名称を甘受していたのだと思われます。そしてまた、倭の君主は「王」と呼ばれていました。そう、邪馬台国《やまたいこく》の卑弥呼《ひみこ》が「親魏倭《しんぎわ》王《おう》」と呼ばれたように。これは中国の皇帝よりも格下の称号です。

ところが、やがて倭の国内で、自分たちの君主に中国（唐）の君主と同格の称号を名乗ってもらい、それによって中国と対等の国家であることを内外に宣言しようとする動きが生じます。こうして選ばれた称号が「天皇」です。これにあわせて、「王」が治めるにすぎない「倭」をやめ、「天皇」が治める「日本」という国号が制定されたのだと思われます。

そして、以後も、日本列島に暮らす人たちが「日本」を強く意識するのは、国外との関係のなかにおいてでした。それは、こんな比喩で考えてみるとわかりやすいでしょう。生まれてからずっとA県で暮らしてきたBさんは、ふだん自分が「A県人」であることなど意識したことはありませんでした。ところが、大学進学で大都市に出たことによって、よその県の出身者たちと日常的につきあうようになり、自分がほかならぬA県人であることを実感します。以後、Bさんは故郷に戻っても、以前とはちがって、自分がA県人であることをいつも意識するようになりました、とさ。

日本の歴史を学ぶことは、外国とつきあう場合にこそ大事になってくるのです。逆に言って、日本人が日本人同士だけで暮らしていけるのであれば、「日本史」などという科目は不要だとすら、僕は思います。なぜなら、そうした場合の「日本史」は、仲間内の甘えた言説で満たされ、他者に向かって開かれることがないからです。

僕が君に日本の歴史を語るのは、君たちはこれから外国とつきあわざるをえない環境にいるからなのです。

近代の始まりはいつか？

本書は、前作がそこまでたどりつけなかった、近代日本の歴史を対象としていきます。江戸時代のいわゆる「鎖国《さこく》」（このことばが本当は不適切であることは前作で説明しておきました）とは大きく異なって、日本は海外諸国とのつきあいのなかで歴史を紡いでいきます。そのため、「近代」という時代区分は、江戸幕府が倒れて明治維新が成就《じょうじゅ》したという国内政治の体制変革よりは、国際関係の方面からなされることが多くなっています。日本史の教科書でも、近代の話は幕末の「開国」から始まっています。あとで詳しく述べるつもりですが、実は僕は、この区分には不同意です。黒船来航、すなわちアメリカ海軍のペリー提督が大統領の特使として来日した事件をもって、近代のはじまりとみなすこの歴史認識は、西洋諸国によって世界全体の歴史が動かされているのであって、日本もその一つの構成要素にすぎないという見方に立っています。中国史でも、清がイギリスと戦って敗れたアヘン戦争（一八四〇～一八四二年）をもって近代の始まりとするのが普通ですが、これも同様の考え方です。アジア・アフリカの諸国が、西洋諸国との本格的な出会いによって受けた衝撃のことを「西洋の衝撃（Western impact）」と言い、これがアジア・アフリカ諸国に近代をもたらしたのだ、という説明のしかたがよくなされます。しかし、決してそうとも言い切れない、というのが僕の見解です。

ですので、本書は「開国」よりもさらに前、十八世紀の末あたりのことから話を始めます。僕が専攻している思想史では、そのあたりに一つの区切りを作って考えると、明治維新につながる動きが見えやすくなると思うからです。たまたまではありますが、アメリカ合衆国の独立（一七七六年）やフランス大革命（一七八九年）、それにイギリスの「産業革命」(最近ではことごとしくこう呼ぶには値しないという研究傾向にあるようですが)といった、西洋諸国での大変革が生じていたのと同じ時期です。これらの大変革こそ、さきほど紹介した「西洋の衝撃」を、アジア・アフリカにもたらすわけですが。

「日本の歴史は世界とつながっている。ただし、だからといって、西洋の歴史を中心にした見方はしない。」

本書で僕が取ろうとしている立場は、こんなふうに言えるでしょうか。

2　他者の視線への配慮

日本を見る目を見直す

近年、「日本は昔から偉大であり、世界的にも特別な国であった。われわれはそのことを誇りに思うべきである」というような論調の本が目立つようになりました。その出現は、一九九〇年代前半にバブル経済が破綻《はたん》したころと重なるように思えます。ですから、僕はこの事象を、日本人が失いかけた自信を回復するための営みと解釈しています。

日本はそれまでの数十年間は、ずっと経済的に好調でしたから「自分たちはすごいんだ」とわざわざ身内同士で言い合わなくても、自信を持っていられました。ところが、バブルの破綻で右肩上がりの成長が止まり、将来に不安が生じるようになりました。加えて、中国・香港・台湾・韓国など、近隣アジア諸国が経済成長を遂げ、「アジア唯一の先進国」などと言って自己満足していた足下も、揺らぎはじめます。「日本はいったいどうなってしまうのか」。そうした不安を癒すはたらきを、「日本の歴史と伝統はすばらしい」と自画自賛する言説が、果たしているように思えるのです。

これは必ずしも悪いことではないのかもしれませんが、僕には、「経済大国」などと言って愉悦に浸っていたのと同じ、自己満足にしか見えません。なぜなら、そこには他者からの視線への配慮が欠如しているからです。「日本は昔から一貫する歴史と伝統を持つ、世界でも稀《まれ》にみる特別な国である」。この言説は、その裏返しとして、そうではない国々の存在を前提にしています。たしかに世界には、そうではない国がたくさんあります。

国の成り立ちはさまざま

まず、アメリカ合衆国。この国は一七七六年に、イギリスから独立しようとする意思を持った人たちが、「自由」という、人類にとっての普遍的な価値（と彼らがみなしたもの）の実現を意図し、その決意を「独立宣言」という文章に表わして作った国です。したがって、この国は、（前述のようなかたちで日本を自画自賛する人たちが思い描く）日本とはちがって、「日本人なら誰でも日本の歴史と伝統を大事に尊重すべきだ」というかたちでの愛国心を鼓舞することはしません。

アメリカでは「自由」という価値が至上の重みを持ち、この価値を世界的に実現していくことに、アメリカの存在意義を置いています。そのためには、自分たちにとってなんの得にもならない戦争をしに、国外にも出かけて行きます。いまから七十年ほど前、日本各地に爆弾を落としたのも、日本を滅ぼしてアメリカが世界を制覇するためではなく、日本が国際的なルール違反を犯して中国をいじめている（とアメリカが判断した）ためでした。

アメリカが一七七六年以前にアメリカ合衆国ではないのは、彼らにとっては自明のことですが、それはなんら恥ずべきこととは思われていません。そもそも、アメリカは、何百年来そこに住んでいる人の子孫が構成しているわけではなく、むしろ移民の国であることを誇りにしています。「昔から一貫した伝統文化」など、持ちようがありません。

次に、ポーランド。この国はアメリカとはちがって、古い歴史を持つ国です。ポーランドという名の王国が、ロシアやドイツよりも強大であったこともありました。しかし、やがて東西のこの二つの国に対して軍事的に劣勢になり、十八世紀には独立国としては消滅してしまいます。つまり、ポーランド語を話す人々は、政治的な国籍のうえでは、ロシアやドイツやオーストリアに分割されたかたちで所属することになったのです。それでも、彼らの心のなかにはポーランドという「祖国」が存在しつづけました。

第一次世界大戦の終結によって、この国は復活します。それには、東のロシアに革命が起こって、ポーランドの領域をその敵に占領されていたことと、西のドイツとオーストリアが敗戦国になったという、一種の幸運が味方していました。この三つの国に分割併合されたポーランドは、三つの国の弱体化によって、ふたたび政治的独立を果したのです。しかし、ポーランドの苦難は続きます。その二十年後、西からは、ドイツのナチス政権による「失われた領土の回復」(＝第一次大戦敗戦でポーランドに譲ることになった地域の再占領)という名目で攻撃をうけ、東からは、ソビエト連邦(略称ソ連)のスターリン政権による「社会主義による解放」というかけ声による侵略をうけます。

第二次世界大戦ではドイツがまたも敗れ、ポーランドは存続しました。それどころか、西部方面には領土を拡大することができました。ドイツが西に向かってさらに縮小したからです。ところが、東部方面ではソ連による領土拡大を認めさせられます。要するに、ポーランドという国は、全体に大きく東から西に移動することになったのです。そのためもあって、国内にはいわゆるポーランド語を母語としない、ドイツ系の住民も少なくありません。ですから、ここでは「ポーランドは歴史的に一貫して」というような言説は有効ではないのです。ヨーロッパ諸国の場合、多かれ少なかれ、これと同じような歴史を歩んでいます。ヨーロッパ連合（EU）という組織の形成は、このように、一つ一つの国を単位としては解決できない長い歴史の問題を持っていることも、その一因にあるでしょう。

アメリカ合衆国やポーランドの場合には、自分たちの意思による国づくりがなされていました。ところが、アジアやアフリカの多くの国では、その国の存在すら、自分たちの意思とは別のところで決められています。

フィリピンがフィリピンになったのは、十六世紀にスペインが、これらの島々をまとめて植民地として統治してからのことです。そもそもフィリピンという名も、当時のスペインの王子（のち即位してフェリペ二世）の名前にもとづいてつけられています。インドネシアはオランダの植民地として一体化されました。同様にすぐそばのマレーシアは、イギリスの植民地としてのまとまりです。そのため、両国には、それ以前からの歴史と伝統からすると近い関係にある人たちの子孫が暮らしており、インドネシア語とマレーシア語は、事実上は同一言語といってもよいくらい似ているそうです。

アフリカの例も一つだけあげておきましょう。ナイジェリアという国とニジェールという国は、日本語でこう表記すると別の名称に見えますが、もとの意味は同じです。この地域を流れる川の名前を、一方は英語で、他方はフランス語で発音した（ものを日本語のカタカナで表記している）だけのことです。

このように、十六世紀以降の西洋諸国の海外進出、とりわけ十九世紀における植民地化のなかで、アジアやアフリカに「国境」が敷かれてきました。そして、それらの国境は、それらの地方が「独立」したあとも存続しつづけています。こうした国々では、そのように現在の国境線が定められる以前の国のありかたを、そのまま自分たちの現在に直結させることができません。

なぜ歴史を勉強するのか

このように見てくると、たしかに日本は特別な事例なのだという気がしてきます。「だから、日本人はそのことに自信をもって、これからも日本という統一国家とその文化を大事に護っていく必要がある」という主張も、一理あるわけです。

しかし、先ほども述べたように、それは日本国内向けの言説であって、いま紹介したような諸外国には通じません。なぜなら、もしそういう主張が通るとすると、これらの国々は日本という特別な国より劣った、哀れな国々ということにさせられてしまうからです。

日本が古来（少なくとも『日本書紀』が成立した八世紀以来）、「日本」という名称による一貫した国家として現在も続いていることは歴史的な事実です。しかし、そのこと自体が尊重に値することなのではありません。日本が日本としてあり続けた、そしていまもそうあるということは、いったいどういう意味を持っているのか。自分たちだけが特別だといって自己満足するのではなく、よその国々の歴史とも比較したうえで、ではそうした日本に暮らしている君たちは、これからこの国をどのように受け継いでいったらよいのか（「受け継がない」という選択肢、たとえばアメリカ合衆国の五十一番目の州にしてもらうというような選択も含めて)。そのことを考えるためにも、日本の歴史についてのきちんとした学習が必要なのです。

3　江戸の二つの歴史意識

町人と武士の自意識

前作では、八世紀に成立した「日本」という国の歴史認識が、いわゆる「鎖国」体制のなかで変容し、日本についての新しい自意識が十八〜十九世紀に生まれたことまで話しました。ここで、この新しい自意識について復習しておきましょう。

この自意識は二つの側面に分かれると、僕は考えています。

一つは、町人階層主体のものです。江戸時代には町人が力をつけて文化面でも主人公となり、彼らの立場からの日本意識が、彼らのあいだに広まります。近松門左衛門《ちかまつもんざえもん》の芝居には、日本を神の国として、中国やインドとの違いを特徴づけるセリフがあります。国学者本居宣長《こくがくしゃもとおりのりなが》は、「だから日本は外国よりもすばらしい」と主張します。こうした意見がそれ以前になかったわけではありませんが、それは政治権力の中枢《ちゆうすう》に近い人たち、すなわち公家《くげ》や僧侶の見解でした。本居宣長はそうではありません。また、彼の学問を受容した多くの人たちも、政治的な権力者ではありませんでした。都市部の町人だけでなく農村部の人たちも含めた、いわば草の根レベルで、「日本は外国とはちがうすばらしい国だ」とする歴史認識が広がっていきます。

もう一つ、この流れとはまた別に、統治者である武士の一部に、外国に侵略されるという危機意識から、日本の歴史を美化する運動が起こります。この場合の外国とは、それまでのようにアジア諸国のことではなく、西洋諸国のことです。十八世紀後半から、日本の沿岸にはロシアやイギリスの船が時折やってきて、鎖国体制の変更を迫る事態が生じていました。武士たちのあいだには、キリスト教（キリシタン）は恐るべき邪教である、という思い込みが存在しており、それに対抗するため、『日本書紀』が説く日本の歴史を再確認しようとしたのです。神々による「国生み」以来、その子孫である天皇がこの国土を治めることは決まっており、未来永劫《みらいえいごう》にわたってこれを守り続けなければならない、と彼らは考えました。日本という「この国のかたち」を、彼らは「国体《こくたい》」と名付けます。

「尊王攘夷」という標語

草の根レベルの庶民階層と、政治権力をもつ武士たちと、この二つの思想運動はやがて混じり合い、「尊王攘夷《そんのうじょうい》」という標語に結集します。「攘夷」の「攘」は「追い払う」という意味、「夷」とは「文明化されていない野蛮な人たち」という意味です。日本に交易を求めてやってくる西洋人は、野蛮なので近づくことを許さず、追い払ってしまえという主張なのです。でも、十九世紀のヨーロッパといえば、経済的繁栄に支えられてさまざまな文化・芸術が花開いていた場所です。いまの僕たち日本人にとっては、憧れの的になっているところですよね。その十九世紀ヨーロッパを、同時代の日本人はなぜ、「文明化されていない野蛮な人たち」だと思ったのでしょう。

それは、鎖国体制で二百年間だれも外国に行ったことがなく、単に頭のなかの想像だけで、外国イメージを語り継いでいたからです。そのために、実相とは異なる、ねじれてゆがんだ外国認識が、この標語へとつながったのです。そして、外国を知らないことの裏返しとして、日本は世界でいちばんすぐれているという自己満足に浸っていたのです。「攘夷」という「上から目線」の標語は、ものを知らない人間が陥りやすい恐ろしさを、如実に示しています。彼らに少しでもきちんとした「地理」や「世界史」の知識がそなわっていたら、産業革命を経て繁栄を謳歌《おうか》していたヨーロッパのことを、「文明化されていない野蛮な人たち」などと呼ぶことはなかったでしょう。

そうです。「日本史」の学習は、「世界史」や「地理」の学習と相互に補い合うことによって、意味を持ってくるのです。僕が高校生のころは、どの科目も必修でした。その後「ゆとり教育」という誤った政策などで、選択制になったことを、僕は憂慮《ゆうりよ》しています。「過ちを改むるに憚《はばか》ることなかれ」（孔子《こうし》）。――もっとも、君ら高校生に向かって言ってもしかたがないですね。政治家の人たちに理解してもらわなければ。それとも、「ものを知らない人間」のほうが統治がしやすいから、わざとそのままにしているのでしょうか。おっと、口がすべった。くわばら、くわばら。（文庫版追記：二〇一八年告示の学習指導要領では必修科目「歴史総合」が新設されました。）

さて、尊王攘夷に戻りましょう。

「攘夷」のほうがいま述べたような意味だとして、一方の「尊王」は「王様を尊崇して付き従う」という意味です。そして、この場合の王様とは、江戸幕府の将軍すなわち「公方様《くぼうさま》」ではなく、「御門《みかど》」、すなわち天皇でした。

天皇が日本の王様だという主張は、さきほど紹介した「国体」ということばに象徴されています。『日本書紀』には、天照大神《あまてらすおおみかみ》のことばとして「天壌無窮《てんじょうむきゅう》」、すなわち「この宇宙とともに、未来永劫、日本はわが子孫が治めるのだ」という宣言を記録していました。これにもとづいて、尊王の思想は、日本人たる者、この天照大神のおことばを謹んで尊重し、そのために粉骨砕身《ふんこつさいしん》せよと説きます。もし、天皇の地位が危うくなったなら、自分たちの命を犠牲にしても、それを護らなければならないのです。

「文明化されていない野蛮な人たち」が、海の向こうから押し寄せてきそうだ。そうそう思った人たちは、「天壌無窮」の「国体」を護持《ごじ》しようと、天皇のもとに結集します。

ところが、（彼らの考えでは）率先して尊王攘夷を遂行すべき江戸幕府が、軟弱にも外国と条約を結んで開国してしまいます。このことを口実にして、尊王攘夷運動をになった人たちの一部から、「倒幕《とうばく》」の声があがるようになるのです。

江戸幕府の公方様が尊王攘夷をきちんとやらないのなら、その政府を打ち倒し、かわりに天皇ご自身を中心とする新しい政府を樹立しよう。この、いうならば革命の思想が、「明治維新」を生み出したのでした。

なぜ人材が輩出したか

本当はもっと複雑な経緯があり、そしてそのことには本書のあとのほうでまた言及しますが、おおよその流れはこうなります。尊王攘夷のためにと始まった天皇中心の国づくり運動が、結果として西洋風の近代国家形成という文明開化路線に落ち着いたのは、前作でも指摘したとおり、歴史の皮肉です。その過程で、この路線から振り落とされていった「幕末の志士《しし》」たちも、大勢いました。そうした人たちを主人公とする小説・伝記のたぐいに人気があることは、君も知っているでしょう。十九世紀という時代は、たしかにこうした魅力を持った人物がたくさん登場した時代でした。

しかし、本書はそうした伝記仕立てにはしません。吉田松陰《よしだしょういん》が何を考えたかとか、坂本龍馬《さかもとりょうま》が何をしたか――実は龍馬は特に何もしていませんが――といった話題は、すでに山のように出版されているそれらの本を読んで勉強してください。本書がめざすのは、そうした偉人・英雄崇拝ではなく、当時の日本人が全体として何を考え、どんな行動をとったかです。前作でも強調しましたが、人名や事件の暗記は歴史の本道ではありません。理想をいえば、固有名詞を一切使わないで歴史が書けたらいいなあと思います。でも、そうもいかないので、本書でも人名や事件名がたくさん出てきてしまうと思います。そうしたときには、どうぞお願いですから、教科書を読むようにマーカーで線を引いたりしないで、読み飛ばしてください。

そう、問題は、なぜ十九世紀の日本には魅力的な人材が輩出したか、のほうなのです。僕は、その原因は教育にあったと考えています。

4 「世襲」を支える「忠義」の理屈

赤穂浪士をめぐるジレンマ

一七〇一年、江戸城松《まつ》の廊下《ろうか》で傷害事件が起こります。赤穂《あこう》藩主の浅野《あさの》内匠頭《たくみのかみ》が、高家《こうけ》筆頭《ひっとう》吉良上野介《きらこうずけのすけ》に斬りつけたのです。高家とは儀式をつかさどる名門のことで、吉良家はもともと室町幕府《むろまちばくふ》将軍家であった足利《あしかが》の一門でした。将軍徳川綱吉《とくがわつなよし》は、浅野に即日切腹・お家断絶《いえだんぜつ》を命ずる一方で、吉良は刀を抜かなかった態度が殊勝《しゅしょう》であるということで、お咎《とが》め無しとしました。ところが、このように裁きが一方的だったため、浅野の家来だった浪人たちは、「主君のかたき討ち」と称して吉良を付け狙い、翌年の年末に、ついに吉良邸に討ち入りして、彼を殺してしまいます。

この事件が報じられると、さっそく芝居の題材になりました。このころ活躍していた近松門左衛門にも、そうした作品があります。が、なんといっても有名なのは「忠《ちゅう》臣蔵《しんぐら》」でしょう。いまでもこのことばは、歴史上の事件そのものを指してまで使われるほどです。

「忠臣蔵」は、正式には「仮名手本忠臣蔵《かなでほんちゅうしんぐら》」といいます。吉良邸に討ち入った赤穂浪《あこうろう》士《し》が全部で四十七人おり、その人数が仮名文字の数と一致するところからついた名称です（実際には四十六人だったとされています）。主君のかたきを討ち果たした、この四十七人の殺人者たちは、以後、「忠臣」と讃《たた》えられることになるのです。

幕府は討ち入り直後から、赤穂浪士に同情と人気が集まることを警戒していました。しかし、その一方で、彼らを忠臣と褒《ほ》め讃える傾向に対して、強いことも言えませんでした。なぜなら、「忠」は幕府が推奨していた道徳だったからです。

江戸幕府は、徳川本家を征夷大将軍《せいいたいしょうぐん》として頂点に据えた軍事組織です。江戸時代には、一六一五年の大坂夏《おおさかなつ》の陣《じん》を最後に戦争は起こっていませんし、一六三八年に終結した島原《しまばら》の乱《らん》を最後に、大規模な軍事動員もなされませんでした。その意味では平和な時代でした。しかし、あくまでも幕府というのは、「本来は軍事組織であるものが行政もおこなっている」仕組みです。幕府に付き従う諸大名も、徳川将軍に臣従するかたちをとり、この軍事組織の一翼を担うかたちで、それぞれ与えられた領地を治めていました。それは巨大な軍隊だったのです。

軍隊では上下間の秩序が枢要です。徳川家康《いえやす》は、自分の直接の家臣団や、豊臣秀吉《とよとみひでよし》のもとで同僚だった諸大名から、自分に対する絶対服従を要求しました。そして、家康にはそうするだけの人間的な力がありました。

凡庸を支える「忠義」のしくみ

しかし、将軍が代々世襲《せしゅう》されるようになると、当主の器量は小さくなってきます。僕は、これは人類史上の普遍的な真理だと思います。政治は世襲でできるものではありません。ではどうするか。古来、そのための言い訳、凡庸《ぼんよう》な人物でも世襲で政治権力を継げる理由が考案されてきました。「忠《ちゅう》」というのも、その一つです。

このことばは儒教《じゅきょう》の用語です。もともとの意味は「他者に誠実な心」のことでした。ところが、中国で皇帝を頂点とする官僚《かんりょう》体制が整えられるにともない、この世襲秩序を正当化するために、このことばが利用されます。「忠」が対象とするのは一般的な他者ではなく、もっぱら君主となりました。「君主に対して誠実な心」、すなわち忠誠心です。「忠」は、同様に君主に対する道徳であった「義《ぎ》」と連用して「忠義」ともいわれ、相手が人間的にはあまり魅力的でなく、したがってひとりの人間としては心服できないような相手であっても、その人物が君主である以上は服従することを要求するための、便利なことばになりました。

江戸時代の日本でも、幕府が諸大名や旗本たちに求めたのは、この忠義でした。それがなくなったら、凡庸な世襲将軍の権威など吹っ飛んでしまうからです。そして、大名《だいみよう》や旗本《はたもと》が将軍に忠義を尽くすように、大名や旗本の家臣たちは、自分の君主に対して忠義を尽くすことが求められました。その家臣がさらに家臣をもっている場合には、そこにまた忠義の関係があって、というように、いくつもの階層をなして忠義の構造ができあがり、その頂点にすわる凡庸な世襲将軍を支える仕組みになっていたのです。

ですから、赤穂藩の家臣たちにとって、その忠義は主君浅野内匠頭に対して向けられるべきものでした。主君が江戸城で刃傷《にんじよう》にまでおよんで遺恨を果たそうとした相手吉良上野介が、なんの処罰もされずにのうのうと生き延びていることは、彼らにとっては堪え難いことでした。浅野家が断絶となり、名目上は内匠頭との君臣関係からは自由になったはずでしたが、浪人となっても彼らの忠誠心は色褪《いろあ》せませんでした。艱《かん》難辛苦《なんしんく》の一年九カ月を経て、彼らは吉良上野介暗殺を成就します。

幕府は、彼らの討ち入りは、幕府が責任を持つ江戸の治安に対する重大な侵害行為であるとして、彼らに（主君同様）切腹を命じます。その点では、赤穂浪士は罪人として処罰されました。しかし、幕府の中にも、彼らの忠義実践は褒美《ほうび》の対象でこそあれ、処罰すべきでないという同情論者が多かったのです。そうした意見とのバランスをとるためか、吉良邸で主人を守ることをせずに逃げおおせた人物も、処罰されています。養子（上野介の息子で米沢上杉《よねざわうえすぎ》家に養子にいった者の子、つまり吉良の実の孫）も処分され、今度は吉良家がお家断絶となりました。

どうですか、想像してみてください。ある晩うちに、僕に怨みを持つならずものの集団が押し入ってきて、僕が殺されたとき、君が僕のために戦わなかったといって刑事罰を受ける、という構図を。殺人事件の被害者遺族が、なぜ罰を受けなきゃならないのでしょう。僕がこの一連の赤穂事件のなかで最も同情を寄せるのは、この吉良上野介の孫です。

これも、幕府が忠義を重んじたからのことでした。そして、この傾向は、幕府が財政的に苦しくなり、政治的権威がそれにともなって揺らいでくると、それをなんとか維持しようとする目的で、より強調されるようになります。

くり返される世襲人事

江戸城中の刃傷事件というと、圧倒的に赤穂事件が有名ですが、このほかにも何度か起きています。一七八四年には、権勢並ぶ者なき老中《ろうじゆう》田沼意次《ぬまおきつぐ》の息子、若年寄《わかどしより》の田沼意知《おきとも》がその犠牲になります。彼は（吉良とは違って）実際に殺されてしまいます。

田沼意次は、いまでいえば首相のような地位の人物でした。その息子が若年寄という、これまた閣僚級の職務についていたのですから、いくら世襲が大勢の江戸時代とはいえ、この親子への権力集中の度合いは尋常ではありません。刃傷事件もその怨みであったといわれています。犯人の旗本は、（赤穂浪士同様）民衆レベルで人気を集め、「世直《よなお》し大明神《だいみようじん》」ともてはやされました。

この事件を契機に父親の権勢にも影がさし、将軍の代替わりを機に、田沼意次は失脚します。幼い新将軍の補佐役として老中に就任したのが、松平定信《まつだいらさだのぶ》でした。定信は血筋のうえでは、八代将軍吉宗《よしむね》の孫であって、これまたれっきとした世襲人事です。彼は「吉宗の孫」であることを誇りに思っていたのでしょう、政策のうえでも吉宗の時代に帰ることを標榜し、田沼時代との訣別を宣言しました。この時期の一連の施策を、当時の年号をとって「寛政《かんせい》の改革」と呼び慣わしています。そして、その一つとして、教育改革があったのです。

5　定信の画期的教育行政

文武両道のすすめ

白河《しらかわ》の清きに魚のすみかねて　もとの濁りの田沼こ（恋）ひしき
世の中に蚊《か》ほどうるさきものはなし　ぶんぶ（文武）といふて夜もねられず

寛政の改革を皮肉った狂歌《きょうか》として、教科書にも掲載されている有名な二首です。前のほうの歌は、清廉潔白な定信の政治が、かえって暮らしにくい世の中にしてしまっているとして、賄賂《わいろ》と汚職まみれとされた田沼時代を懐かしんでいます。「白河」は、定信が藩主をつとめていた土地（いまの福島県白河市）です。そして、あとのほうの歌が、定信の教育改革への不満を述べたものです。ここでは定信が教育上の標語とした「文武」が風刺されています。

「文武両道」という言い方をしますよね。体育にも力を入れる校風をもった進学校や、学業も重視する運動部のモットーとして、いまでも使われています。文（学業）と武（スポーツ）のどちらも重要だという信条の表現です。文武両道いずれも大事だと、教育行政において歴史上はじめて明言したのは、ことによると松平定信かもしれません。

江戸幕府は前に述べたように、軍事組織がそのまま民政をおこなう、いわば軍事政権です。武士はそもそも軍人でした。したがって、「立派な武士」とは軍人としてすぐれていること、つまり剣術に強かったり、弓矢や槍《やり》が得意だったりすることを意味していました。彼らの本業はそちらなのであって、いわばそのついでに行政も担当していたのです。

ですから、みながみな行政担当だったわけではありません。武士のなかで、一部の人間が「あいつは行政もできる」ということで、そうした役目についていたのです。武士の基本給にあたる俸禄《ほうろく》は、主君から軍人として頂戴しているのであって、行政は余技ですからその範囲外でした。もちろん、特別のお手当は出たのでしょうが、別に行政実務についていなくても俸禄はもらえました。その意味では、いまの大学教員に似ているかもしれません。あくまで教育と研究がその本業なのであって、大学行政は副次的なものだというのがたてまえだからです。僕の知人はほとんどみんな、行政のほうに忙殺されてますけどね。（文庫版追記：そして不幸なことに、今は僕もそうなっています。）

それはさておき、ですから、武士は必ずしも学問をする必要はありませんでした。むしろ、ある種の体育会系のノリで、学問する朋輩《ほうばい》を軟弱呼ばわりしていたところがあります。武士である以上は、「武」だけで充分だというわけです。

しかし、江戸幕府ができてからおよそ二百年、定信の目には、武芸しかできない武士は、もはや時代遅れに見えていました。そこで彼は「学文《がくもん》」の奨励に取り組みます。当時は「学問」という表記だけでなく、この表記が使われました。元来は「文を学ぶ」という意味の漢語です。

朱子学と徂徠学

この場合の「文」とは、中国や日本の古典のことでした。そして、その中心をなすのが、儒教思想です。定信自身、熱心な儒学の信奉者でした。

当時、東アジア全域にわたって、儒学の主流は朱子学《しゅしがく》でした。ただ、日本においては、江戸時代にはいってしばらくすると、朱子学に対してやや批判的な思想家が輩出し、独自の学派を立てるようになります。なかでも力を持っていたのが、荻生徂徠《おぎゅうそらい》が始めた学派でした。当時はこの学派を指すいくつかの呼称がありましたが、いまではふつう徂徠学派と呼んでいます。

朱子学は、孟子《もうし》の性善説《せいぜんせつ》を継承し、個々人の道徳性を高めることで、社会秩序の維持・安定をめざします。これに対して、徂徠学では性善説を信じません。むしろ、荀子《じゅんし》の性悪説《せいあくせつ》に近い立場です。すなわち、人間の道徳性に頼るのではなく、きちんとした制度や仕組み（これを儒教の用語で「礼楽刑政《れいがくけいせい》」といいます）を打ち立てることで、人々が感化され、よい世の中が実現すると説きました。そのためには、中国で大昔実現していた理想の政治を再現するため、そのころの言語を修得する必要があるとします。文明の基礎には「ことば」があるという発想です。自分たちが使っていることばの用法を勝手に古代にあてはめても、古代のことはわからないというのです。そのため、徂徠学のこうした発想を、古文辞学《こぶんじがく》といいます。

古文辞を身につける修練としては、それによる実作が重んじられました。徂徠先生をはじめとして、この一派の漢詩や文章は古文辞で書かれています。ひとくちでいうと、古文辞はごつごつしていて堅い感じがする文体です。使われる語彙《ごい》も、大昔の中国古典から持ち出してきたもので、当時の通常のものとは異なるため、わざと気取ったような難解なものが多いです。しかし、それが人気を博し、十八世紀にはおおいに流行していました。

松平定信の改革では、教育現場からのこの徂徠学の追放がめざされています。教科書にも出てくる「寛政異学《かんせいいがく》の禁《きん》」です。「異学」とは、主として徂徠学のことを指していました。そして、これにかわって「正学《せいがく》」として、朱子学の再登場が図られます。青少年を教育するには、奇をてらった徂徠学は有害であり、性善説にもとづいて素直に人間の道徳性の実現を信じる朱子学のほうが、ふさわしいと判断したのです。

しかし、現在の専門的な研究によると、どうも定信も個人的には徂徠学に惹かれていたようです。寛政異学の禁は、あくまで教育現場からの徂徠学の追放であって、おとなが徂徠学を学んだり研究したりすること自体は、禁じられていませんでした。政治制度の確立を重視する徂徠学は、政治家としての定信には、やはり捨てがたいものとして映っていたようです。

人材登用制度の開始

定信は、幕府内部の人材登用にも「学文」の成果を活かそうと考え、「学問吟味《がくもんぎんみ》」という制度を導入します。将軍直参《じきさん》の家来、すなわち旗本《はたもと》・御家人《ごけにん》の子弟に、学業についての筆記試験を課し、成績優秀者には身分・家柄を超えた抜擢《ばってき》の途を開いてやったのです。試験で問われるのは、おもに漢文の素養と朱子学の理解でした。

中国や韓国では、日本の平安時代のころから、筆記試験にもとづく官僚登用制度が確立していました。ふつう、科挙《かきよ》と呼ばれているものです。実は正式には「選挙」といいます。いまの選挙ということばとは意味が異なりますが、それによって指導者となる政治家を「選び挙げる」、という意味では同じです。と言いますか、近代になってから西洋諸国の制度を翻訳する際に、この漢語が流用されていまに至っているわけです。翻訳者にとっては、二つの制度は同じに思えたのでしょう。

定信政権が開始した「学問吟味」は、中国・韓国の科挙ほど大掛かりではなく、受験資格者も直参の子弟に限られていました。しかし、役職がほとんど世襲で決まっていた江戸幕府において、学問のできる人材を、ごく一部とはいえ身分の壁を超えて立身出世させる途を開いたことは、大きな変化でした。十九世紀なかばすぎ、黒船来航以降のいわゆる幕末において、幕府を実際に動かしていたのは、決して生まれつき身分が高い旗本たちだけではありませんでした。幕府が西洋諸国への外交的対応に、それなりにきちんと当たれたのも、この効果だと評価することができましょう。

さて、「文武」の「武」のほうについても、定信政権は旧来のありかたをそのまま是認したわけではありません。武芸の奨励によって、平和に慣れて箍《たが》がゆるんでいた旗本・御家人たちに、あらためて喝《かつ》を入れたのです。さらに、単に強ければよいというのではなく、武芸のなかに精神性を求めました。これがのちに武士道《ぶしどう》と呼ばれるようになるものです。武士道は、儒学や禅《ぜん》仏教の思想と融合して、十九世紀の武士たちのよりどころとなっていくのです。

6 武士道の成立と幕府の誤算

太平の世の綱紀粛正

武士道ということばの説明は非常に難しいです。まず、その起源がいつかが言いづらいですし、また、その中身についても、何をもって武士道とするかで見解がわかれてしまいます。ここでは、本書にとって必要な範囲に限定して話しておきましょう。鎌倉時代の武士たちにも彼らなりの生き方があり、それを武士道と呼んで差し支えはありません。ただ、当時はこのことばは使われていませんでした。たとえば、武士の同義語である「もののふ」を使って、「もののふのならひ」などと表現されていました。それは常に戦《いくさ》に出かける覚悟、すなわち、いつ死ぬかもしれないということを自覚した生き方のことでした。

その後、戦国時代にいたるまで、微妙な変化はあったでしょうが、基本線は同じです。武士は戦士であり、戦場で死ぬことを本望とする（ように教育された）人たちでした。その教育には禅の教えが使われることが多く、戦国時代の武将たちは、少年時代に禅寺で修行を積んだりしています。いわば、精神修養です。死への覚悟をすることで、彼らは戦場で遅れをとらずに戦うことができました。

ところが、江戸時代の武士たちにとって、戦場は存在しません。前にも述べたように、たてまえ上は、いつ戦があってもいいように組織された軍団が、幕府や諸藩の基本構造ではありましたが、寛政改革のころには、実際には百数十年間、戦は起こっていませんでした。ですから、このころの武士たちは、祖父や曾祖父からでさえも、戦というものの体験談を聞く機会を持たなかったのです。いまのように映像資料が遺《のこ》るということもありませんので、彼らは軍記物語のような書物、芝居や講談などの演芸を通じて、戦なるものをイメージするしかなかったわけです。八代将軍吉宗は鷹狩《たかがり》りを頻繁におこなっていますが、これは一種の軍事演習であり、旗本・御家人たちに、戦を擬似的に体験させる目的であったと言われています。平時にあっても、いつ戦争が起きてもいいような心構えをさせようとしたのです。

松平定信も、この祖父の思いを継承したのでしょう、旗本・御家人たちが太平《たいへい》に馴れて、いざというときにものの役に立たないということがないように、武芸を奨励して綱紀《こうき》を粛正《しゆくせい》したのでした。

武士道の中身

ただし、武芸に励むといっても、その目的が定かではありません。戦のことを心がけよといくら教え込んだところで、実際にすぐに戦争が起こりそうな気配はありませんでした。そこで、思想的な精神教育が施されることになります。「学文」として重視された朱子学です。

朱子学では、社会秩序を成り立たせる基本的な人間関係を五つ選んで「五倫《ごりん》」と命名していました。親子のあいだの「仁《じん》」、君臣のあいだの「義《ぎ》」、夫婦のあいだの「別《べつ》」、長幼のあいだの「序《じよ》」、朋友のあいだの「信《しん》」です。この二番目、主君と臣下とのあいだの「義」すなわち忠義が、武士たる者の心がけとして強調されることになります。

赤穂浪士の討ち入りを、幕府があながち非難できなかったことはすでに述べました。

事件から百年経って十九世紀ともなると、浪士は武士の鑑《かがみ》として英雄視されます。忠義の実践者である彼らに対して、赤穂浪士という言い方に代わって、「赤穂義士《ぎし》」が一般化します。

これと、鎌倉時代以来の禅仏教の影響とが混淆《こんこう》し、武士たちの精神的支えとなりました。二十世紀になって、新渡戸《にとべ》稲造《いなぞう》という学者が、英語で『武士道』という書物を著し、西洋人向けにその解説を行いました。そのなかで、彼は武士道の思想的基盤として、禅と陽明学《ようめいがく》と神道《しんとう》をあげています。

陽明学というのは、儒教の流派の一つで、一般には朱子学と対立するものとみなされています。しかし、実際には両者は近い関係にありました。相違は、朱子学が読書による学習（定信風にいえば「学文」）を重視するのに対して、陽明学では、そればかりでは精神修養が疎《おろそ》かになると考えて、これを批判した点にあります。陽明学でも、読書を無用とするわけでは決してありませんが、いざというときにも動じないしっかりした心を持つことを重視します。江戸時代に実際に陽明学が流行したわけでは必ずしもないのですが、朱子学の教義とともに陽明学的な考え方も浸透してきており、新渡戸はこの側面に、朱子学以上に武士道の支柱となるものを感じ取ったのでしょう。

もう一つの神道は、日本古来の思想とされるものです。しかし、これも実際には古代に伝来した仏教や、江戸時代では朱子学などの影響を受けて、歴史的に形成・発展してきた思想です。神に対して奉仕する清らかな心をもって日常生活を営む。「武士に二言《にごん》はない」というように、相手に対する誠実さが尊重されました。特に主君に対しては、自分の命を犠牲にしてこれを守ることが強調されます。

そもそも、鎌倉時代の武士のあいだでは、ある種の裏切りや背信行為はよくあることでした。彼らは、自分たちの領地を守ることを最大の課題としています。領地を与えてくれたり、その領地を保障してくれたりするから、主君に仕えるのです。これを「御恩《ごおん》」と「奉公《ほうこう》」の関係といいます。したがって、御恩が危うくなったとき、たとえば、いまの主君が頼りにならなくなってくれば、より強力な主君に乗り換えることも頻繁に行われました。もちろん、滅びゆく主君と行動をともにする武士もいましたし、それはそれで賛美の対象になりましたが、みながみなそうした生き方を信条としていたわけではないのです。その後の戦国時代における「下剋上《げこくじょう》」などは、実力本意の武士の姿を如実に示しています。

誰に対する忠誠か

これに対して、江戸時代のなかばすぎに確立してきた武士道では、安定した秩序の存在を前提として、それぞれの武士が自分の主君に忠誠を尽くすことを要求します。そうすることで、大名や旗本の上に立つ将軍の地位も安泰となるはずでした。経済的・財政的な基盤が弱体化してきた幕府は、こうした思想教育によって、武士たちの忠誠心をつなぎとめようと試みたのです。

ところが、ここに一つの誤算が生じます。将軍は武士社会の頂点には位置していましたが、その将軍にもお仕えすべき主君があることを認めてしまったのです。

中国では、孔子が活躍して儒教を生み出した時代に、周《しゅう》の王の権威が衰えていました。そこで、周王を守り立てようと、諸侯《しょこう》のなかで力のある者が覇者《はしゃ》となってほかの諸侯に命令を下し、天下をまとめる役割を果たしていました。朱子学を学習した日本人は、この中国の歴史を知って、これが江戸時代の仕組みとそっくりであることに気づいてしまったのです。

正確には、これを言い出したのは、十七世紀の幕府の御用《ごよう》学者でした。彼らはそうすることで、幕府の権威を確立しようとしたのです。ところが、やがて、この当てはめは、日本の「周王」の権威をふたたび高める方向に作用します。そうです、江戸時代の人たちの眼中からいっとき消えていた王とは、天皇のことです。

松平定信にいたっては、大政委任論《たいせいいにんろん》と呼ばれている政治思想を主張しました。徳川将軍は天皇から政治を委任されておこなっている、というのです。彼の意図としては、だから、全国の諸大名はその将軍の命令を聞けというものでした。かつて、中国における覇者と諸侯との関係のように。

しかし、こう主張することで、結果的にかえって将軍の地位を危ういものにしてしまったことは否めません。なぜなら、覇者も元来は諸侯の一員にすぎず、その権威の源泉が本当の王（＝天皇）からの委任にすぎないのだとしたら、その委任を解約されたとき、将軍は諸大名に指令を発する権限を失うことになるからです。実際に、幕末の尊王攘夷運動から倒幕運動へという過程で起きた現実は、そうしたものでした。水戸藩や長州藩は、直接に朝廷からの命令を仰ぐことによって、幕府の意向を軽視するような動きを示していくのです。

7　教育熱

「尊号一件」の考え方

儒学や国学における尊王思想の成長にともない、京都の朝廷は実際に力をつけはじめていました。一七七九年、後桃園《ごももぞの》天皇が崩御すると、閑院宮家《かんいんのみやけ》の皇子が即位します。光格《こうかく》天皇です。このとき、光格天皇の実父閑院宮典仁《すけひと》親王は、まだ健在でした。そこで、息子たる天皇は、実際には皇位についていない父親に、形だけでも「太上天皇《だいじょうてんのう》」の尊号《そんごう》を贈ろうとします。一七八九年のことでした。

太上天皇とは上皇《じょうこう》の正式な呼称で、天皇を退位した方に与えられる称号です。しかし、天皇家の嫡流《ちゃくりゅう》が断絶し、宮家から養子のかたちで天皇が即位した場合、その父親にこの称号を贈るという前例がありました。室町時代に伏見宮家《ふしみのみやけ》から即位した後花園《ごはなぞの》天皇が、実父貞成親王《さだふさ》に対して太上天皇の称号を贈っています。光格天皇はその前例に倣おうとして、幕府にその許可を求めます。

ところが、老中松平定信は、これに反対します。武家伝奏《ぶけてんそう》という、幕府との取り次ぎ役を務める公家の正親町公明《おおぎまちきんあき》らは、江戸にやってきて再考を求めました。すると幕府は、彼らを罷免《ひめん》してしまいます。幕府と朝廷とのこの対立事件を、「尊号一件《そんごういっけん》」と呼びます。この件では、定信は将軍家斉《いえなり》と意見が対立したとされ、彼が老中をやめる一因になったと言われています。

ところで、これは日本史の教科書では指摘されていないことですが、定信らが尊号の件に反対したのは、中国の前例を意識していたからだと、僕は思います。中国の皇帝のなかにも、先代の実子ではなく、傍系から養子のかたちで相続した人が、何人かいました。そのうち、十一世紀の宋《そう》の英宗《えいそう》や、十六世紀の明《みん》の世宗《せそう》は、実の父親に皇帝に相当する資格を与えようとしました。これに賛同する官僚もいましたが、反対する者もおりました。両者は儒教における儀礼の原理をめぐって論争し、政争の様相を呈します。

定信は儒学に通暁《つうぎょう》していましたから、中国の故事としてこれらの事件を知っていたはずです。そのうえで、彼は中国における尊号反対派の論旨に賛同し、実際そうした立場をとったのではないでしょうか。その理論構成は煩雑になるので説明を省きますが、ひとことでいえば、「君主は公的身分であって、私的な血縁関係とは別の相続をしている」というものです。定信自身、将軍吉宗の孫ではありましたが、その資格ではなく、白河藩の後継者として老中職をつとめていました。

ともかく、松平定信は、老中在職七年目にして幕府中枢の要職をしりぞき、以後は白河藩主として、また隠居して文化面での庇護者として余生を送ります。七十二歳という、当時としては高齢で、一八二九年に没しました。前作で紹介したように、頼山《らいさん》陽《よう》は自作を定信に献呈しています。

定信が去ったあと、同僚だった老中松平信明《のぶあきら》らを中心に、基本的には寛政改革の路線が踏襲されました。信明は、途中三年間その職を離れていた時期をはさんで、なんと三十年にわたって老中をつとめています。家斉は五十年間にわたって将軍職にありました。最初は定信や信明の方針に遵《したが》って質実な政治が行われていましたが、後半になるとその箍が緩んでいきます。

馬琴の基本コンセプト

ただ、その分、文化的には華やかになりました。文化《ぶんか》・文政《ぶんせい》という二つの年号を連ねて「化政文化《かせいぶんか》」と呼ばれる時代を迎えます。頼山陽や曲亭《きょくてい》（滝沢）馬琴《ばきん》が活躍したのもこの時期です。

馬琴の代表作『南総里見八犬伝《なんそうさとみはっけんでん》』には、不思議な玉をもつ八人の勇士が登場します。その八つの玉にはそれぞれ、仁・義・礼・智・忠・信・孝・悌《てい》と書かれていたことになっています。いずれも儒教が重んじる徳目です。『八犬伝』は血湧き肉躍る冒険活劇ですが、そのなかでちゃっかりと儒教の思想教育が行われているのです。

そもそも、馬琴はこうしたことが得意でした。彼の小説の基本コンセプトは勧善《かんぜん》懲悪《ちょうあく》です。儒教道徳を奉じる善玉と、道徳逸脱者である悪玉との戦い。この二元論は、いまのハリウッド映画にも似て、娯楽作品として味わうなかで、読者の脳裏には自然にその価値観が刷り込まれていきました。学校の教壇から先生が難しい顔をして教えを垂れるより、はるかに効果的な教育方法です。

頼山陽の歴史書や詩文も同じような効果をもっていました。化政文化の文学というと、洒落本《しゃれぼん》・人情本、狂歌・川柳《せんりゅう》が有名ですが、一方ではこうした思想教育の書物が広まっていたのです。

もちろん、もっとお堅い書物も出回っていました。本居宣長の弟子を称する平田篤《ひらたあつ》胤《たね》は、神秘的でスケールの大きな世界観を説き、儒教・仏教・キリスト教といった外来思想を批判して、日本にもともとあった（とされる）思想世界の優秀性を強調しました。彼が著した書物は、前にも述べた草の根レベルの国学の普及に、大きく貢献したのです。

こうした世相のなか、幕府の財政はますます逼迫《ひっぱく》していきました。一八四一年に家斉が没すると、享保《きょうほう》・寛政につづく江戸時代の三大改革の三番目として、老中水野忠《みずのただ》邦《くに》が主導する天保《てんぽう》の改革が行われます。倹約財政、風俗取り締まり、株仲間の解散といった諸政策が実施されましたが、効果はいまひとつでした。忠邦もすぐに老中をしりぞきます。

藩校と寺子屋の充実

むしろ、これと時を同じうして諸藩で行われていた改革のなかに成功例が多く、財政的に好転していきました。そうした藩では下級武士の人材登用も進んで、藩全体としての実力をつけ、幕末の政治運動の震源地となっていくのです。その人材供給源が、藩校《はんこう》でした。藩校には十七世紀設立のものもありますが、それは珍しい例で、十八世紀末からしだいに増えはじめ、十九世紀のなかばに急速に増加します。寛政異学の禁をうけて、多くの藩校では朱子学が講じられ、その教説に沿って武士としての教育がほどこされていました。

また、農民や町人にも学習の場が設けられていました。寺子屋《てらこや》です。十九世紀の日本における初等教育は、同時代の世界でもトップの水準にあったといわれています。当時、七つの海をまたにかける大英帝国では、貴族やブルジョワの子弟に対する教育はしっかりしていましたが、一般庶民にまで識字教育をほどこす段階にはありませんでした。日本では寺子屋の普及により、かなり多くの人たちが、仮名文字や簡単な漢字の読み書きができたのです。

そうなるには、そうした教育を子供にほどこすことに、親が積極的な意義をみいだすことが必要でした。現在でも、世界の一部の地域には、子供を学校に通わせるよりも、農作業や生活費を稼ぐ手伝いをさせようとする親が少なくありません。日本で十九世紀に教育熱が進んだ理由の解明は、いまなお研究の途上にあるといえますが、ひとつたしかなことは、学力の高い者のほうが、よい収入を得られるという社会環境があったということでしょう。武士のなかだけでなく、庶民のあいだでも、「学文」が効果をもちはじめたのです。

8 清朝の衰退

アヘン戦争

日本で天保の改革が行われているころ、隣の清国《しん》(いまの中国)ではイギリスとの戦争が遂行されていました。アヘン戦争です。

清はイギリスなど西洋諸国との貿易を、南方の広東《カントン》でのみ許可していました。日本が長崎でだけ、オランダと貿易したほど厳格ではないにせよ、これと同様の統制でした。このため、日本にだけ使われる鎖国ということばではなく、清や朝鮮にもあてはまる「海禁《かいきん》」という用語によって、十七~十九世紀の東アジアの交易体制を表現しようというのが近年の傾向です。

清はたしかに中国の王朝にはちがいありませんが、満洲族が君臨する王朝であり、宋や明のような漢族王朝とは異なって、文字どおりの多民族帝国でした。モンゴル帝国（中国の王朝名としては元《げん》）に近いのです。十八世紀なかばから六十年間にわたって帝国を統治した乾隆帝《けんりゆうてい》の時代には、中央アジア（新たに領域に編入されたという意味で「新疆《しんきよう》」と名付けられました）やチベットをあわせて最大になります。十九世紀にロシア帝国に割譲した沿海州や新疆の一部と、二十世紀に独立したモンゴル国（「外蒙《がいもう》」と呼ばれます）だけが、その後乾隆帝の帝国の領域から離れて、いまの中国の国境の外側にあります。つまり、現在の中華人民共和国は（台湾が自国領だという主張も含めて）乾隆帝の遺産を継承しているのです。

このように清は領土も広く、各地の特産物も豊富でした。彼らは「地大物博《ちだいぶつぱく》」とこのことを表現しました。アジアの国々（日本などごく少数を除いて、清への朝貢国《ちようこう》でした）やイギリスやポルトガル（南方沿岸地域で交易を認められていました）、あるいはロシアや中央アジア諸国との貿易は、清のほうにその必要があってしているわけではなく、皇帝陛下の特段の恩恵なのであるという態度でした。世界最大のこの帝国は自給自足が可能であり、贅沢品や嗜好品以外に、どうしても輸入しなければならない商品など存在しないと豪語していたのです。

一方、イギリスは産業革命を経ても、清に売り込んで商売になるような満足な商品を持ち合わせていませんでした。ところが、イギリスにとっては、清からの輸入に頼るしかない生活必需品がありました。茶です。そのため、両国の貿易はつねにイギリスの赤字でした。イギリスが七つの海を制覇して集めた貴金属は、貿易の代価として清に吸収されてしまっていたのです。

この貿易赤字を解決しようとイギリスが思いついたのが、インドで生産するアヘンを売りつけることでした。健康飲料である茶と交換に麻薬を売ろうというのですから、ひどい話です。清は当然、それを防ごうとします。林則徐《りんそくじょ》という大臣が広東に派遣され、イギリス商人が持っていたアヘンを没収して焼却しました。人道的に当然の行為であり、いまならきっと快挙として国際的に支持されるでしょう。

ところが、イギリスはこの措置に文句をつけ、清に対して宣戦布告します。厚顔無恥としか言いようがありません。ただ、さすがは議会政治の国、開戦の決議は良心的な野党の反対に遭い、かろうじて議決承認されたといいます。イギリス国内でも、「この戦争は正義に反する」と考える人たちがおおぜいいたのです。しかし、貿易赤字の解消という国家利益のため、軍艦が派遣されました。

清では林則徐ががんばったものの、挙国一致で防衛するという体勢にはほど遠く、沿岸各地を砲撃されたために事実上敗戦を認めました。南京《ナンキン》で締結された講和条約では、アヘン取り引きが承認されたほか、香港《ホンコン》島の割譲と、広東以外にも四つの港を開放することを約束させられます。

太平天国の乱

そのころ、南部の広西省に、科挙試験を何度受けても合格できない洪秀全《こうしゅうぜん》という男がおりました。もっとも、科挙に合格できない人物は何十万人もいたわけで、ふつうはそれぞれにいつかは合格を諦め、別の途を歩んでいきます。ところが、洪秀全という男は、自分の実力を客観的に自己評価することができない人物でした。いまでも、一流大学への合格に固執して何度も浪人し、ついに人生を誤る人がいますが、彼もそうした男でした。そのうえ、よほど自意識過剰だったのでしょう、神懸かりな性格で、夢のなかで天の神から世直しの使命を授かります。やがて知ったキリスト教の教義を応用して、彼は、「自分は神の子でキリストの弟であり、天下を太平にすることができる」と宣伝して、宗教教団を結成します。

当然のことながら、清の地方官憲はその取り締まりに乗り出します。彼は（キリストのように）おとなしく捕まることをせず、教団の信者たちを組織して武力蜂起しました。そして、みずからを君主とする太平天国《たいへいてんごく》を組織します。

中国共産党のかつての歴史認識では、太平天国は正当な農民闘争であり、自分たち共産党政権の先駆者とみなされていました。そのため洪秀全の肖像画も、きわめて凛々《りり》しい、偉丈夫《いじょうぶ》として描かれることになります。でも、僕はそれを信じません。一九九五年に地下鉄サリン事件で日本全国を震撼させたオウム真理教の教祖と同じような人物だと、僕は考えています。中国近代史を研究する知人たちからは、「小島はとんでもないことを言う」と、血相を変えての非難が沸き起こるかもしれませんが。

太平天国は、清の弛緩しきった南方支配に不満をもっていた民衆や、違法行為で生計を立てていた裏社会の人たちを巻き込んで、一時は快進撃を続け、なんと南京まで占領してしまいます。洪秀全はここを天京《テンキン》と改称して宮廷を設け、それまでの皇帝たちとなんら変わらぬ豪奢な生活に耽りました。清を一気に滅ぼすために北上していた軍隊は惨敗します。戦線は膠着状況にはいりました。その後、太平天国の宮廷は清朝同様に、あるいはそれ以上に腐敗堕落してしまい、一八六四年、天京は陥落して洪秀全が死に、太平天国は滅亡します。

アロー戦争

清では、これより前の乾隆帝による全盛時代にも、白蓮教《びゃくれんきょう》と呼ばれる宗教結社（ある研究者によると、じつはこの名称は官憲による他称であって自称ではないそうですが）が、大規模な軍事蜂起をしたことがありました。このような宗教反乱（「反乱」というのは、あくまで王朝側・儒教側からの名称です）が、中国ではしばしば見られます。それに比べて日本の場合、戦国時代の一向一揆《いっこういっき》や江戸時代初期の島原の乱のあとは、宗教勢力はこうした力を持たなかったように見えます。

太平天国がまだ元気で勢いのよかった一八五六年、上海《シャンハイ》に停泊していたイギリス船籍のアロー号に、清の官憲が強制捜査に乗り込みました。犯罪者が逃げ込んだ嫌疑です。ただし、南京条約によって、清の官憲がそうすることは禁じられていました。イギリスは条約違反を口実に賠償を請求、満足な回答が得られないとみるや、ふたたび清に宣戦布告します。アロー戦争とか第二次アヘン戦争とか呼ばれている戦争です。

そもそも、アロー号事件は開戦のための口実に使われたのであって、イギリスは前回のアヘン戦争に味をしめて、もう一度戦争することで、さらに有利な貿易をもくろんでいたのでした。

結果、今回も清が負け、イギリスに追随したフランスほかの列強によって、清はしだいに切り刻まれようとしていました。

ペリー率いる黒船艦隊が日本に到着するのは、こうした時期のことでした。

9　幕末の動乱早わかり

幕府の威信の失墜

幕末の政治過程は非常に複雑に入り組んでおり、正直、僕にはそれをわかりやすく説明する自信はありません。武士道精神を身につけて他人に誠実なはずの人たちが、背信行為や謀略に明け暮れます。また、尊王を旗印に掲げながら、実際の天皇の意向に逆らって行動したり、幼い天皇の意図を捏造《ねつぞう》したりしています。政治家というものは、いつでもどこでもこうしたものなのでしょうか。

黒船来航に対して強硬に攘夷論を唱えたのは、水戸の藩主徳川斉昭《なりあき》でした。彼は将軍の後継者が問題になってくると、薩摩の島津斉彬《しまづなりあきら》らと結んで自分の息子の慶喜《よしのぶ》の擁立を図ります。しかし、幕府で権力を握った彦根藩主の井伊直弼《いいなおすけ》は、徳川家茂《いえもち》を十四代将軍に擁立し、開国に踏み切ります。そして、これに反対する尊王攘夷派への弾圧を実施します。安政《あんせい》の大獄《たいごく》です。その怨みから、直弼は水戸藩と薩摩藩の者たちに暗殺されてしまいます。桜田門外《さくらだもんがい》の変です。

大老が出勤途中に江戸のどまんなかで殺されるという事件は、幕府の威信をおおいに失墜させました。その立て直しのため、老中安藤信正《あんどうのぶまさ》は朝廷の権威を借りることを決意、孝明《こうめい》天皇の妹の和宮《かずのみや》を、将軍家茂の夫人として迎える計画を進めます（公武合《こうぶがっ》体《たい》政策）。ところが、彼もまた水戸藩の連中に襲撃され、一命は取り留めたものの失脚してしまいます（坂下門外《さかしたもんがい》の変）。

こうした事態を受けて、孝明天皇の勅命として幕政改革が行われ、徳川慶喜を将軍後見職とする新体制が発足します。このころから、京都では尊王攘夷派の長州藩の動きが活発化し、朝廷を動かして家茂を京都に呼びつけ、攘夷の実行を誓約させます。

すると長州藩の台頭を快く思わない薩摩藩と、京都守護職の任にあった会津藩が、共同して長州勢力の追い落としに成功します。翌年、挽回のため京都に攻め上り、天皇が住む御所《ごしょ》に攻撃を仕掛けてきた長州藩の軍勢は、またも薩摩・会津を中心とする勢力によって撃退され、多数の死者を出して敗退します（禁門《きんもん》の変）。幕府は一気に長州征伐を企てますが、長州藩内で攘夷派が粛清されたため、本格的な戦闘は回避されました。

すると長州藩内では、桂小五郎《かつらこごろう》（のちの木戸孝允《きどたかよし》）ら、幕府に反発する勢力が実権を握ります。彼らは、イギリスなど西洋諸国の艦船から砲撃を浴びた経験から、攘夷の実行は無理だと悟っていましたが、狙いを倒幕に転換して立ち上がったのです。大村益次郎《おおむらますじろう》はイギリスから軍事援助をとりつけ、軍隊の近代化を進めました。

明治維新までの流れ

こうした情勢を知った幕府は、二度目の長州征討を行いますが、その裏で、やはり攘夷を断念した薩摩藩が、長州藩と盟約を結んでいました（薩長同盟《さっちょうどうめい》）。しかも、長州征討を指揮するため大坂城にいた将軍家茂が病死し、あとを継いだ慶喜は攻撃を取りやめます。

薩摩藩という同盟者を得た長州藩は、ここから反転攻勢に出ます。孝明天皇の急逝によって、十六歳の明治天皇が即位すると、公家の岩倉具視《いわくらともみ》が朝廷の実権を握り、薩長とともに倒幕の勅命を作成してしまいます。

一方、徳川慶喜も、これまでどおりのやりかたでは、もはや日本国内を一つにまとめられないと判断し、土佐藩の建白《けんぱく》を採用して、いったん朝廷に政権を返上し、そのうえであらためて自分を首班とする政府を組織しようとします。これが大政奉還《たいせいほうかん》であり、松平定信が主張した大政委任論の、いわば当然の帰結でありました。

倒幕の勅命降下と大政奉還の奏上とは、相前後してなされました。薩長側にしてみれば、せっかく天皇（の名義を騙った岩倉具視ら一部の公家）から「倒せ」といわれた幕府が、自分から政権を返上してしまったわけで、さぞや拍子抜けだったでしょう。そこで、慶喜抜きのまま、彼らの意のままになる公家たちを操って御前《ごぜん》会議を開かせ、王政復古《おうせいふっこ》の大号令を発するとともに、慶喜に辞職謹慎を求める処分を下します。

慶喜は大坂城に、旧幕府とこれに味方する会津など諸藩の軍勢を集結させ、京都へと攻め上りますが、鳥羽伏見《とばふしみ》の戦いで敗れると、単身、軍艦に乗って江戸に戻ってしまいます。かくして、大坂の幕府軍は雲散霧消してしまいました。

薩摩・長州・土佐など、倒幕派の軍隊は、天皇の軍隊の象徴である錦《にしき》の御旗《みはた》を押したてて、東海道と中山道《なかせんどう》、それに北陸道を通って東日本へと攻め寄せました。慶喜本人はもはや戦意はなく、江戸、のちに実家の水戸で謹慎していましたが、ここ数年来の対立で長州藩からにらまれていた会津藩や、慶喜や会津藩への非道な仕打ちに義憤を感じた長岡藩など、北日本の諸藩は奥羽越列藩同盟《おううえつれつぱんどうめい》を結成し、協力して西から攻めてくる倒幕軍と戦闘状態にはいりました。しかし、衆寡《しゅうか》敵せず、長岡につづき、会津や盛岡も落城して、列藩同盟は解体消滅します。

旧幕府方の抵抗勢力は、最後の砦として箱館《はこだて》（函館）を根拠に、北方に独立国家の宣言を行います。しかし、ここもやがて落ち、鳥羽伏見に始まる一連の内戦（干支《かんし》によって戊辰《ぼしん》戦争といいます）は、倒幕軍の完全な勝利に終わりました。明治維新がかくして成就するのです。

年代の覚え方

ここまで、煩瑣になるので、幕末の政治変動について、いっさい年代表記をしませんでしたが、一月早々に鳥羽伏見の戦いが行われた年（上述のように干支では戊辰の年、西暦では一八六八年）は、その九月に改元がなされます。すなわち、慶応四年が明治元年に、年の途中であらたまったのです。なお本書では、ここまでの記述でも西暦表示だけして、日本の年号は併記しませんでした。たぶん、きみたちが日本史ぎらいになる一つの理由が、年代を暗記すること、しかも、西暦と年号と、二つ同時に覚えさせられることにあると思ったからです。

　桜田門外の変が万延元年で一八六〇年（さらに厳密にいえば、桜田門外の変を不吉として、事件後に万延《まんえん》と改元されたのであって、事件当時は安政《あんせい》七年）だということや、禁門の変が元治《げんじ》元年で一八六四年とかいうことは、べつに必ずしも暗記する必要はないのです。肝心なことは、桜田門外で殺されたのは誰で、誰になんのために殺されたか、禁門の変（蛤御門《はまぐりごもん》の変ともいいます）とは、どこの軍隊がなんのためにどこを攻撃し、そしてどうなったかということを覚えることとです。一方を一八六〇年、他方を一八六四年と覚えるのは、そうすればその前後関係が一目瞭然になるからにすぎません。さきほど僕が試みたように、流れで覚えてしまえば、その前後を取り違えるおそれはないでしょう。

　ただ、まあ一八六八年という年代くらいは覚えておいてください。この年、明治元年は、近代日本国家が誕生した記念の年ですから。

　明治への年号変更は、より重大な制度改正をともなっていました。一世一元《いっせいいちげん》の制です。ひとりの天皇（一世）にはひとつだけの年号（一元）。以後、大正・昭和・平成とつづいて、いまに至っています（文庫版追記：そして令和へと）。前代の天皇をお呼びする名称（おくりな）も、この年号をそのまま使用しているわけです。

なお、日本史の教科書を見るかぎり、一世一元の制の由来がきちんと説明されていないようなので、ひとこと。この制度はこれよりちょうど五百年前に、中国の明《みん》という王朝で始まった制度です。世界史のほうの教科書にはそのことが書いてありますが、そちらには日本の明治改元への言及はありません。明治維新のころ、中国には清という王朝があり、年号は同治《どうち》でした。一八六八年＝明治元年は、同治七年にあたります。韓国（朝鮮王朝）や沖縄（琉球王朝）では、明や清の年号をそのまま使っていましたし、ベトナム（大南国）では独自年号を、やはり一世一元で定めていましたので、日本が一世一元の制を採用することで、東アジアの年号はすべてこの制度に統一されたのでした。

10 吉田松陰・久坂玄瑞・坂本龍馬——祀られた人々

松下村塾と安政の大獄

明治維新は、世界的には平穏裡に成功した政治変革であったとされています。たしかに、十七世紀なかばのイギリスのピューリタン革命や、十八世紀末のフランス大革命やアメリカの独立戦争、さらには明治維新の直前に起こった南北戦争などでは、多くの血が流れました。それに比べると、戊辰戦争にはそれほど大きな犠牲はなく、敗者の幕府方から降伏した人物が、維新ののち明治政府に仕官して活躍する例も多かったのです。

しかし、そうは言っても、この変革と内戦で命を落とした人は決して少なくありません。本章と次章では、この時期に畳の上では死ねなかった人たち、つまり、刑死・

自殺・暗殺によって亡くなった人たちのなかから、六人を選んで紹介しましょう。まずは、そのうち、幕府に批判的だった人たち三人です。

最初に、吉田松陰（一八三〇〜一八五九）。長州藩士杉家の次男として生まれ、幼くして、親戚だった山鹿流《やまがりゅう》兵学指南吉田家の養子となります。山鹿流というのは、十七世紀の兵学者・儒学者山鹿素行《やまがそこう》を祖と仰ぐ兵法で、赤穂浪士の首領大石内蔵助《おおいしくらのすけ》もこの流派だったとされています。

ところが、松陰は、アヘン戦争で清が負けたと聞いて、山鹿流のような昔ながらの兵学はもはや時代遅れだと感じ、藩の許しを得て、江戸で蘭学者佐久間象山《さくましょうざん》のもとで学びます。ただ、そのあと、無断で水戸や会津に旅行したことを咎められ、武士身分を剝奪されてしまいます。それでも懲りずに、ペリーの船に乗り込もうとして送還され、萩（長州藩の城下町）で入牢、のち杉家で幽閉の処分となります。

そして、叔父のあとを継いで松下村塾《しょうかそんじゅく》を主宰、若い藩士たちとともに学ぶかたちでの教育をおこないます。幕府が朝廷の意向に反して開国に踏み切ったことに憤慨し、老中暗殺を計画、周囲の反対で思いとどまったものの、藩に自首してふたたび入獄します。そして、安政の大獄のなか、江戸に送られ、この暗殺計画の罪で斬首《ざんしゅ》されました。

彼が遺した功績は、なんといっても松下村塾での教育です。ここで多くの若者が育ちました。明治維新で長州藩が中心的役割を果たすことになったので、明治政府の要人には、松陰のもとで学んだ人物が大勢います。彼は「草莽崛起《そうもうくっき》」、すなわち草の根レベルの人々が立ち上がることによって、社会変革を起こすことを理想としていました。たしかにそれによって明治維新が成功しました。しかし、彼の弟子である伊藤博《いとうひろ》文《ぶみ》・山県有朋《やまがたありとも》らが、その理想を受け継いだかは疑問です。

幕末のテロリスト

松陰の弟子としては、高杉晋作《たかすぎしんさく》や久坂玄瑞《くさかげんずい》のほうが、将来を嘱望されていました。高杉は奇兵隊《きへいたい》という、農民出身者をも加えた近代的軍隊を創設しますが、病死します。ここでは久坂玄瑞（一八四〇～一八六四）のほうを紹介しましょう。

玄瑞は藩医久坂家に生まれました。藩校で医学・蘭学を学び、のち松下村塾にはいります。松陰は妹と結婚させるほど、彼に期待を寄せていました。松陰刑死後は藩内の尊王攘夷派のリーダーとなり、公武合体派の家老を糾弾します。朝廷の使者に随行して江戸に行くと、イギリス公使館を焼き討ちするなど、過激派テロリストとして活躍しました。彼は朝廷の公家たちと親しく、天皇を担ぎ出して幕府に攘夷を実行させようと何度も試みました。が、禁門の変で敗れると、公家鷹司《たかつかさ》家の邸内で自殺します。

このように、玄瑞は筋金入りの攘夷派でした。彼の死後、彼の同志だった長州藩尊王派の面々は、みな一様に攘夷は不可能だと悟って開国派に転じます。もし、彼が生きながらえていたら、いったいどうしたでしょうか？

そして、有名な坂本龍馬（一八三五〜一八六七）。厳密にいうと、彼が生まれた日付は西暦では一八三六年になってからですが、僕はこの表記をとります。暦の話はまたのちほど。

土佐藩の郷士《ごうし》（平時は農業に従事する農村在住の武士）の子として生まれ、黒船来航の年（一八五三年）、江戸に出て剣術を修業、また佐久間象山に入門（つまり、龍馬は松陰の弟弟子ということになりますね）。いったん帰国しますが、のちふたたび江戸で剣術を学びます。土佐の郷士の子が二度も江戸に留学しているところからも、当時の日本では、人々がかなり自由に往来していたことがうかがえるでしょう。

土佐藩内部で身分間の対立が起き、下士側が勤王党《きんのうとう》を結成すると、これに加盟。長州藩尊王派との連携のため、久坂玄瑞とも会談しています。幕臣勝海舟《かつかいしゅう》に入門し、幕府が設立した神戸海軍塾の塾頭に抜擢されますが、禁門の変を契機に幕府がこれを閉鎖したため、薩摩藩を頼ります。そして、倒幕のためには長州藩と薩摩藩が手を結ぶべきことを説き、それまで犬猿の仲だった両者のあいだに同盟を成立させます。龍馬自身は海援隊《かいえんたい》を組織して貿易業に取り組みますが、一方で同じ土佐藩の後藤象二郎《ごとうしょうじろう》と「船中八策《せんちゅうはっさく》」を練り、これが将軍慶喜の大政奉還につながったとされています。しかし、その直後、京都の宿舎を何者かに襲われ、暗殺されてしまいます。下手人はいまだに謎で、幕府側の者による犯行とする説が有力ですが、薩摩藩の手の者だろうという説もあります。

龍馬は明治維新の当初、さほど有名ではありませんでした。薩長同盟の功労者のはずなのに、西郷隆盛《さいごうたかもり》・大久保利通《おおくぼとしみち》や木戸孝允が、彼の功績を讃えたという話はありません。師匠だった勝海舟も、回顧談のなかで特に言及していません。土佐藩で彼の知人だった明治政府の要人たちも、龍馬にはあまり関心がなかったようです。

英雄に仕立てられた男

彼が有名になるのは、日露戦争の雌雄を決する日本海海戦の直前に、皇后の夢に白い着物の人物が登場して、日本軍の勝利を約束したことがきっかけでした。皇后はそれが誰かわからぬまま、宮内大臣《くないだいじん》の田中光顕《たなかみつあき》にこの夢の話をしたところ、土佐出身の彼は、「それは坂本龍馬にちがいない」と断定、海戦で日本が勝利したため、龍馬の加護があったのだと語られるようになったということです。たしかに、龍馬は江戸幕府の海軍創設者でしたから、筋は通っています。この夢の話の真偽はともかく、坂本龍馬は日本海軍の守護神として復活したのでした。そして、なんといっても、司馬遼太郎の小説『竜馬がゆく』が、高い理想を掲げながら若くして非運に倒れた英雄として、彼を国民的な人気者に仕立てていったのです。

今回紹介した三人は、いずれも、ある神社に一緒に祀られています。「一緒に」というのは正確ではありません。その神社の教義によると、ほかの何百万という人たちの霊魂と一体となって、一つの神として祀られているのです。その神社の名を「靖国《やすくに》神社《じんじゃ》」といいます。

明治維新が成功すると、その過程で亡くなった知人・友人を悼んで、政府主催の追悼式典が催されます。一八六八年の秋、すなわちまだ戊辰戦争が完全には終結していない段階でのことでした。最初は、鳥羽伏見の戦い以降、錦旗《きんき》、すなわち天皇側で戦った、いわゆる官軍の戦没者がその対象でした。そして、翌年、そのための恒常的施設として招魂社《しょうこんしゃ》が創設されます。

その後、西郷隆盛が明治政府に対して反乱を起こし、この西南戦争《せいなんせんそう》の鎮圧過程で、また多くの戦死者が出ます。政府は、彼らや琉球処分（後述）での犠牲者をともに祀ることとし、施設名を靖国神社と改め、皇居のすぐ北、東京九段《くだん》に広大な土地を使って建設しました。さらに、明治維新に功績がありながら、維新の成就を見ずに非業《ひごう》の死を遂げた人物を、「国事殉難者《こくじじゅんなんしゃ》」に指定し、戦死者と同様にあわせて祀ることにしたのです。吉田松陰（刑死）も久坂玄瑞（自殺）も坂本龍馬（暗殺）も、みなこの範疇でここに加わりました。

彼ら三人は明治維新の成功を見ることなく、非業の死を遂げましたが、その霊魂は、「国を安んじる」という意味の神社で祀られているのです。

そうそう、吉田松陰の弟子であった伊藤博文は、韓国の国民感情を無視して日本の属国とする政策を押し進め、初代韓国統監《とうかん》となりましたが、韓国流の「草莽崛起」とでもいうのでしょうか、安重根《あんじゅうこん》という志士によって暗殺されます。安は、韓国では民族的英雄、いわば「英霊《えいれい》」としていまも讃えられています。以前、『近代日本の陽明学』（講談社選書メチエ、二〇〇六年）という本のなかで、吉田松陰と安重根は心情的に近いだろうと書いたら、ある韓国研究者に叱られてしまいましたが、ぼくはやはり、この二人は互いに親近感をもつだろうと思います。伊藤博文は草莽崛起を大切にしなかったという点で、松陰にとっては不出来な弟子だったのではないでしょうか。

11　井伊直弼・近藤勇・篠田儀三郎――祀られぬ人々

正しかった決断

靖国神社に祀られている人たちのことを英霊と呼びます。松陰や龍馬のような超有名人も、一兵卒として戦場に散ったいわば無名戦士も、英霊としては同格です。こうして、彼らは日本という国を近代化するために犠牲となった人物として顕彰《けんしょう》され、慰《い》撫《ぶ》されています。

ところが、主観的には彼らと同じように幕末維新期に日本国のために尽くし、そうして暗殺・刑死・自殺という非業の最期を遂げながら、彼らとは政治的立場が異なったがために英霊と認定されず、靖国神社に祀られていない人たちも大勢います。今度はそのなかから、三人を選んで紹介しましょう。

まず、井伊直弼（一八一五〜一八六〇）。彼は彦根藩主の十四男として生まれました。早死にする子が多かった時代とはいえ、十四番目の男の子ですから、まさか藩主になるとは周囲からも思われていなかったでしょう。自分でも住居を、自虐的に「埋木《うもれぎ》舎《のや》」と名付けています。儒学や禅はもちろん、国学を学んで和歌を嗜み、茶道や槍術に巧みで、能にも堪能、鼓《つづみ》も上手だったといいます。まさに、松平定信が理想としたような「文武」の達人でした。そのままであれば、優雅に趣味人・文化人として暮らせたかもしれません。

ところが、兄たちが相継いで世を去ったため、直弼が藩主となります。井伊家は江戸幕府創設当初からの名門で、譜代大名のリーダー格でした。藩主になったとたん、直弼は幕府の重鎮になってしまいます。そして、その三年後に黒船来航。彼は開国を主張し、攘夷派の徳川斉昭らと対立します。将軍後継者問題での両者の抗争も、すでに述べたとおりです。大老《たいろう》（非常時にのみ置かれる幕府の最高の要職で、十八世紀以降は井伊家から数名が就任していたにすぎませんでした）として、攘夷派の一斉検挙に乗り出します。世に言う安政の大獄です。その怨みから桜田門外で暗殺されたことも、すでに述べました。

尊王攘夷派、およびその系譜を引く倒幕派の志士たちからすると、師匠や友人たちのかたきというわけで、明治時代には冷たく扱われていました。彼が決断して開港されることになった横浜に、その功績を讃えて銅像を建設しようとした際にも、政府筋から妨害があったといいます。しかし、彼の決断がまちがっていなかったことは、その明治政府が掲げる「文明開化」路線によって、証明されているのではないでしょうか。信念を貫いて非業の最期を遂げた直弼の墓は、皮肉なことに、彼が処刑した吉田松陰を祀る東京世田谷の松陰神社のそば、豪徳寺《ごうとくじ》（井伊家の菩提寺）にあります。

忠誠を尽くした新撰組

次に、近藤勇《こんどういさみ》（一八三四〜一八六八）。新撰組《しんせんぐみ》の局長です。彼は江戸の郊外、多摩の農民の三男として生まれました。江戸で剣術の才能を認められ、試衛館《しえいかん》の道場主近藤家の養子として、その四代目当主となります。

久坂玄瑞らの工作により、将軍徳川家茂が京都に行くことになったとき、清河八郎《きよかわはちろう》という人物の提案で、幕府は正規軍以外に、将軍護衛の名目で浪人を集めた浪士隊《ろうしたい》の結成を許しました。近藤は、試衛館の門人たちと一緒にこれに加わります。京都で清河とは別れ、もと水戸藩士だった芹沢鴨《せりざわかも》らと新撰組を結成、京都守護職を務める会津藩のもとで市内の治安維持を担当し、禁門の変で活躍します。やがて、芹沢らを粛清し、近藤が名実ともに新撰組のトップとなりました。

新撰組の名を知らしめたのは、池田屋《いけだや》事件でした。桂小五郎（のちの木戸孝允）をはじめとする長州藩士たちの、京都市内各所に火を放ち、その混乱に乗じて御所から天皇を長州に拉致しようというテロ計画を、直前に察知し、これを未然に防ぐことに成功したのです。その後、テロ対策特殊部隊として尊王攘夷派を容赦なく取り締まり、多くの志士を検挙・処刑しました。

しかし、幕府の倒壊を止めることはできず、新撰組は鳥羽伏見の戦いに参加して惨敗を喫します。江戸に戻った近藤は、勝海舟から甲府方面の防衛を任されます。しかし、西から進んできた朝廷の軍隊に先に甲府を取られ、勝沼《かつぬま》の戦いで大敗、体勢を立て直すべく、変名を使って江戸近郊の流山《ながれやま》にいるところを逮捕され、多くの志士を殺したという罪状で斬首されました。

彼は農民の出身でしたが、十九世紀風の武士道をしっかりと身につけ、裏切りや謀略が渦巻く世相のなかで、新撰組の隊旗に「誠」の字を選び、幕府の将軍に忠誠を尽くしました。肝心の将軍慶喜が勝手に江戸に逃げ帰って、朝廷に恭順・降伏し、その意をうけて勝海舟は江戸を戦場にしたくなかったため、彼を甲府方面に向かわせたものでしょう。与えられた職務を忠実に遂行したがゆえに、悲劇的な最期を迎える羽目に陥ったのでした。

新撰組の生き残りは、さらに会津や蝦夷《えぞ》に転戦し、近藤の親友で新撰組副長だった土方歳三《ひじかたとしぞう》は、五稜郭《ごりょうかく》で戦死しています。

また、幕府の直参のなかの強硬派は、江戸の寛永寺に立てこもって彰義隊《しょうぎたい》と名乗り、西郷隆盛率いる朝廷軍と市街戦をおこなって壊滅しました。「義《ぎ》を彰《あきら》かにする」という名称に、彼らの思いが感じ取れます。二百年以上、日本をつつがなく治めてきた幕府に対する、薩長の冷たい態度が、彼らは許せなかったのでしょう。

白虎隊の悲劇

三番目の事例は、より悲劇的です。君がファンになっているアイドルグループの一員が、テレビドラマで隊員の一人篠田儀三郎《しのだぎさぶろう》（一八五二〜一八六八）の役をつとめた、会津白虎隊《あいづびゃっこたい》です（文庫版追記：娘の名誉のために追記すれば、そのグループにいろいろあったこともあり、彼女はもうこのグループのファンではありません）。

会津藩主松平容保《まつだいらかたもり》は、尾張高須藩主の子として生まれ、会津藩主の養子となりました。もともとは水戸藩主の子孫です。つまり、徳川慶喜の親戚にあたります。まあ、当時の大名たちは、たいていなんらかの血のつながりのある親戚ですが。ちなみに、容保の弟定敬《さだあき》は、あの松平定信の家をやはり養子として継承しています。このころは、奥州白河から伊勢の桑名に国替えになっていました。

そんな容保が京都守護職《きょうとしゅごしょく》に任命されたのは、朝廷からの指示で幕府首脳が入れ替えになり、慶喜が将軍家茂の後見職に就任したときです。それまで、京都は朝廷が置かれているとはいえ、政治の中心ではなかったのですが、家茂の上洛に始まって大政奉還に至るまでの時期は、政治的首都としての機能を回復します。その難しい時期に、京都の治安を任されたのが容保でした。結局、鳥羽伏見の戦いのあと、慶喜とともに江戸に戻り、さらに地元会津に立てこもって朝廷軍と対峙することになります。京都守護職時代の尊王攘夷派取り締まりが、目の敵にされたのでした。

会津藩の藩校は朱子学の古典『大学』からことばをとって、日新館《にっしんかん》と名付けられていました。さらに、儒教の古典にちなんで、尚書《しょうしょ》組・毛詩《もうし》組・三礼《さんらい》組・二経《にけい》組に分かれていました。篠田儀三郎は尚書一番組で、成績優秀だったそうです。朝廷軍の攻撃を防ぐため、藩校の生徒も白虎隊という部隊に編成されました。そして、城外に出ていたとき、城下町の炎上を落城と勘違いし、「殿様のあとを追って潔く死のう」と、二十名近くの若者が集団で自殺しました。これが白虎隊の悲劇として知られているものです。結局、そのあと城は陥落し、会津の人々は明治初期に迫害を受けて、苦しい思いをすることになります。なお、容保は(篠田儀三郎たちの勘違いとはうらはらに)実際の落城後も生き続け、天寿を全うしています。

国難にあたってふるった強権政治を恨まれて暗殺された井伊直弼、国家転覆を謀る過激派を職務上厳しく取り締まったことが原因で死刑になった近藤勇、そして、京都守護職だったがゆえに追いつめられた殿様の、後追い自殺をした篠田儀三郎ら白虎隊の面々。彼らも立派な「国事殉難者」だと思うのですが、靖国神社の英霊ではありません。

維新の最大の功労者の一人であり、かつ戦場で没した(切腹)にもかかわらず、西郷隆盛も「英霊」ではありません。彼が最後は西南戦争を起こし、政府への反逆者として死んだからです。また、大久保利通は、西南戦争終結直後、皮肉なことに井伊直弼と同様、怨みを持つ者に出勤途上で暗殺されます。ただ、彼の死も国事殉難とはみなされないのか、靖国には祀られていません。

12 新政府の制度と語彙

地方と中央の制度改革

倒幕派と佐幕派の内戦は、明治二年（一八六九）五月、箱館（函館）の五稜郭に立てこもっていた榎本武揚《えのもとたけあき》・大鳥圭介《おおとりけいすけ》らが降伏することで終結しました。その直前、新撰組の土方歳三はここで戦死しています。

新政府は京都から東京に本拠を移し、「御一新《ごいっしん》」を看板に掲げて、中央集権の近代国家建設を開始しました。箱館で戦闘が続いていた同年一月には、薩摩・長州・土佐・肥前佐賀の四つの藩主が、土地（版）と住民（籍）を天皇に返上する「版籍奉還《はんせきほうかん》」を申し出て受理されます。もちろん、彼らが自発的にそうしたというのではなく、各藩の実権を握っていた家臣たちが示し合わせての行為でした。ほかの藩もこれに見習うことが求められ、箱館陥落後には強制的に、政府の命令として「奉還」が遂行されました。藩主たちはあらためて天皇から「知藩事《ちはんじ》」に任命されて、元の領地を治めることが許されましたが、これによって諸藩の領土は江戸幕府から与えられていた世襲の所有物ではなく、天皇が自分の代理として知藩事に治めさせる形式に変わったのでした。

明治四年（一八七一）、藩は県と改称されて、その区画も大きく変更されます。「廃《はい》藩置県《はんちけん》」です。県は当初三百以上ありましたが、まもなく律令制度の「国」の区画に近づく形で整理統合され、東京・京都・大阪の三つの府と北海道という特別な区画とならんで、現在の都道府県が誕生します（琉球国が藩を経て沖縄県になる「琉球処分」は明治十二年〈一八七九〉、東京が府から都になるのはさらにずっとのちのことです）。廃藩置県により、知藩事は県令のちに県知事と名称変更され、また旧藩主ではなく、中央政府の官僚が任命されて赴任するようになりました。

ところで、なぜ「知事」というか知っていますか？　実はこの名称は、中国の官僚制度に倣ったものなのです。中国では十世紀の宋のときに中央集権化が進行します。筆記試験により個人の実力で官僚を採用し、彼らを地方に派遣して三年任期で統治させました。地方の行政区画である府・州・県の長が、「知事」だったのです。正式には、たとえば蘇州であれば、「知蘇州事」と呼ばれました。「事」は業務、「知」はそれを統括することです。明治政府が藩主を「知藩事」に任命したのは、この故事にあやかったものなのでした。政府の高官たちが、少年時代からの素養として、中国の歴史や思想に通暁していたことを示す事例の一つといえましょう。廃藩置県後の十数年間用いられた県令《けんれい》もまた秦《しん》以来の中国における地方官の名称です。宋代には県の規模によって、知県事と県令が併存していたこともありました。

地方改革だけでなく、中央の官制も整備されました。中世以来、長期間にわたって有名無実化していた律令制度が、ふたたび脚光を浴びます。すなわち、太政官《だじょうかん》を中心に、そのもとに正院《せいいん》・左院《さいん》・右院《ういん》の三院を設け（これらは新設）、正院の大臣や参議のもとにいくつかの省が置かれる仕組みです。外務省・司法省・工部省というような新設の機関もありましたが、大蔵省・兵部省・宮内省などは、古代律令制度における名称そのままでした。

古代日本が律令を受容する際に、すでにその時点で中国（唐）ではこれらの官庁は「部」という呼称（兵部・工部など）だったのに、日本では（唐では全部で六つある

「部」を統括する尚書省に用いられていた「省」という呼称を用いました。明治維新に際してもこれが踏襲され、そうして今日にいたっているわけです。僕は「文部省」という名前を見るたびに、違和感を覚えます。だって、「省」を略して「文部」だけですでに充分なのですから。それが今や「文部科学省」です。「科学」というのも、元来は「さまざまな学術」という意味の語ですから、この名称をたとえば英語に原義どおりに直訳すると、わけがわからないしろものになってしまいます。もっとも完全に西洋化した頭の持ち主であるお役人たちは、こうしたことには無頓着なのでしょうけれど。

西洋の制度と中国の語彙

このように、当初は律令制度の微修正による官僚機構でしたが、過度な中央集権政策への不満が生み出した自由民権運動の高まりを受けて、政府側でも憲法制定を約束します。そして、立憲制度樹立のための準備として太政官を廃止し、代わりに「内閣」を設けることになりました。明治十八年(一八八五)のことで、この内閣全体を統轄する大臣、すなわち初代の内閣総理大臣には、長州藩出身の伊藤博文が就任します。ちなみに、この内閣という語も、中国（明）の制度から借用したものでした。「県」にしろ「省」にしろ「内閣」にしろ、漢字を訓読みではなく音読みにしているのは、これらが中国起源の名称だからです。「憲法」にしても、『日本書紀』にある聖徳太子のものとされる事績にあやかって、西洋諸国が設けている根本法典のことをそう翻訳したのでした。日本の近代国家は、たしかに西洋の制度を移入したものですが、そこで用いられている語彙は、東アジアの歴史と伝統をふまえているのです。

さて、内閣創設の時点でその下にある省は九つあったので、総理を入れて大臣は全部で十人、そのうち長州藩と薩摩藩の出身者が、それぞれ四人を占めていました。あとの二人は土佐出身の谷干城《たにたてき》と、（なんと）五稜郭で新政府と戦争した当事者である旧幕臣榎本武揚でした。最高齢者が五十二歳という、今から考えると大変に若い政府です。ただ、世代として考えてみれば、一八三〇年代の生まれということになり、幕末の志士たちのいわば生き残り組でした。海軍大臣の西郷従道《さいごうつぐみち》は隆盛の弟、伊藤や外務大臣山県有朋は、吉田松陰の教えを受けた長州藩改革派でしたから。榎本も、土方のように五稜郭で戦死していたら、ここで大臣になどなっているはずがありません。

維新当初から、版籍奉還に見られるように、薩長土肥の倒幕派西南雄藩出身者が政府を主導していました。「藩閥政府《はんばつせいふ》」と批判される所以《ゆえん》です。土佐と肥前は板垣退助《いたがきたいすけ》や大隈重信《おおくましげのぶ》らが政争に敗れて政府を去ったことにより、この最初の内閣に典型的に見られるように、やがて薩長が主流派を形成します。明治時代を通じて、総理大臣職はほとんど薩長出身者で独占されました。また、陸軍は長州、海軍は薩摩の力が強く、彼らは戊辰戦争をその正当性の根拠としていました。靖国神社が戊辰戦死者以来、一貫して政府軍（＝薩長などの倒幕軍）のための施設として存在してきたのもそのためです。

大日本帝国憲法と教育勅語

「藩閥」との批判に応えるためにも、政府は伊藤博文を中心として着々と憲法制定作業を進めていました。伊藤は総理大臣の職を退き、新設された枢密院《すうみついん》の議長として、井上毅《いのうえこわし》らと文案を練りあげます。こうして明治二十二年（一八八九）二月十一日、大日本帝国憲法が発布されました。形式上は君主である明治天皇が定めたいわゆる欽定《きんてい》憲法ですが、当時からみな、伊藤たちが作ったものであることを知っていました。「大日本帝国ハ万世一系ノ天皇之ヲ統治ス」。第一条はこう宣言しています。それまで

「皇帝」と呼ばれることもあった日本の君主の名称が、法制的に天皇と定まるのも、この憲法によってだといわれています。

憲法発布は、しかし、政府の内部に動揺も生み出します。特に県知事ら地方官は、自分たちが現地を治めていくうえで、さまざまな問題が生じるという懸念を感じ取りました。彼らは東京に召集された会議の席上、その不安を口々に述べ立てます。そこで、中央政府は、「臣民《しんみん》」（憲法に規定された日本国民の呼称表現）たちの精神的指針となる文章を、天皇のことばとして公布することにしました。憲法起草者のひとりである井上毅と、天皇の教育係を務めていた元田《もとだ》永孚《ながざね》とが、協力してその任にあたります。このふたりは同郷（熊本）で、しかも横井小楠《よこいしょうなん》の門下生でありました。横井は佐久間象山と並び称される幕末開明派の先達で、明治政府に仕えましたが暗殺されてしまった人物です。

井上と元田の合作として明治二十三年（一八九〇）に誕生したのが、いわゆる「教育勅語」です。この年は、前年発布の憲法にもとづいていよいよ帝国議会が開設された年でした。教育勅語は、立憲制度を建前としながらも、実質的には天皇（の名をかたる中央政府）が「臣民」たちを教え導いていく体制を確立したものとして、きわめて重要です。

昭和二十年（一九四五）の敗戦のあと、大日本帝国憲法よりも先に、ＧＨＱの指示でこの勅語が無効とされたのも、教育勅語が軍国主義・侵略主義といかに深く関わっていたかを、連合国側（特にアメリカ）が研究していたからでしょう。忠や孝といった儒教の徳目を説くその文面は、それ自体は特に批判に値するものでは必ずしもないといわれますが（そして、そうした評価に僕も部分的には賛成ですが）、発布当初から想定されていたその用いられ方に、多大な危険性をともなっていたのでした。「臣民」たちは自分自身の幸福のためにではなく、大日本帝国に繁栄をもたらすためにこそ生きていく（＝死んでいく）べきである、という思想による青少年教育、すなわち忠君《ちゅうくん》愛国《あいこく》教育が、戦前の日本の対外侵略を正当化する論理として使われたことの意味を、僕たちはしっかりと認識しなければならないと思います。

13　岩倉使節団と教育改革の重視

岩倉遣外使節団の驚き

僕はどうやら話を急ぎすぎたようです。明治時代には社会全体にかかわる重大な変革が、まだまだたくさん生じました。そのすべてを逐一紹介することはできませんが、以下、いくつかの側面から見ていきましょう。

明治政府が対外的にまず取り組んだのは、通商条約の改定でした。関税自主権の獲得と領事裁判の廃止、すなわち不平等な規定の是正がその目標です。そのために政府首脳による欧米諸国視察が計画され、右大臣岩倉具視を団長に、木戸孝允・大久保利通・伊藤博文といった錚々たる面々が、明治四年（一八七一）に出かけていきます。船を用いた世界一周の視察の旅は、なんと足掛け三年に及びました。

彼らのなかには、伊藤のようにすでに外国（イギリス）に留学した経験者もいましたが、その多くにとっては驚きの連続だったようです。とりわけ、岩倉などは、ほんの数年前までは筋金入りの攘夷派公家で、観念的に頭のなかで外国のことを野蛮だと思っていたわけですから、実際に目にする近代西洋諸国のありさまに、ただただ感嘆するばかりだったのでしょう。彼らは欧米諸国と日本との相違に愕然とし、条約改定どころの話ではないことを痛感して帰国することになります。

欧米諸国の変動

使節団が派遣された一八七〇年代は、欧米諸国も変革期を迎えていました。

アメリカでは南北戦争（一八六一〜一八六五）のあと、一八七〇年に黒人初の上院議員が誕生していました。しかし、先住民であるネイティブ・アメリカンの地位はいまだ認められず、その抵抗運動のなかで、鎮圧側のカスター連隊が全滅する事件が起こっています（一八七六年）。一方で、一八六七年のロシアからのアラスカ買収、一八六九年の大陸横断鉄道開通により、領土が確定して西部の開拓が本格化していきます。日本でもＮＨＫが放映して人気を呼んだテレビドラマ『大草原の小さな家』（原作はローラ・インガルス・ワイルダーの小説）は、一八七〇年代の西部フロンティアの生活を描いています。

長らく統一国家の体を成していなかったイタリアとドイツの統一も、この時期でした。イタリアではサルディーニャ王国が他の諸国を統合し、一八六一年にイタリア王国が成立します。一八六六年にはオーストリア帝国からヴェネツィアを奪取し、一八七〇年には、最後まで抵抗していたローマ教皇領を占領して、統一イタリアが誕生しました。同様に領邦国家が分立していたドイツでも、十八世紀に台頭したプロイセン王国が中心になり、オーストリアを排除する形でドイツの統一が進みます。これに反対していたフランスとの普仏《ふふつ》戦争（「普」はプロイセンのこと）の勝利により、国王ヴィルヘルムがパリでドイツ皇帝として即位しました（一八七一年）。自分たちと同じ過程をたどったこの両国、なかでもドイツの統一は、岩倉使節団に大きな印象を与えました。のちに、伊藤博文はふたたびドイツを訪れ、憲法起草のための研究調査を実施します。大日本帝国憲法はドイツ帝国憲法をモデルにしているといわれています。

ロシアでは中央アジアへの領土拡張政策が進行していました。アラスカの売却は、この国がアメリカ大陸にではなく、ユーラシア大陸にまたがる巨大国家となる意思を示しています。一八五八年にはアイグン条約、一八六〇年には北京条約によって、中国からシベリア東部・沿海州を獲得し、日本海に面して日本と向き合うことになります。以後、日露戦争にいたるまで、日本にとって北方の脅威として仮想敵国でした。使節団の帰国後、樺太千島《からふとちしま》交換条約により、ロシアは樺太支配を進めます。しかし、国内的には専制政治に対する不満が高まり、社会主義思想の移入もあって、体制転覆運動がきざしていました。のちの一八八一年のことになりますが、皇帝アレクサンドル二世は暗殺されてしまいます。中央集権の強圧的な統治が必ずしも国家の安定にはつながらないことを、使節団はすでに感じ取っていたかもしれません。

一方、民主主義の先達であるイギリスやフランスでも、社会変革が進行していました。選挙法の改革によって一八六八年に成立した自由党政権（グラッドストン内閣）は、教育法や労働組合法を制定して、労働者階級への教育普及とその地位確立に努めていました。フランスでは、普仏戦争の敗戦により皇帝ナポレオン三世が退位、第三共和政が成立します（一八七〇年）。ところが翌年の三月から五月にかけて、パリにコミューンと呼ばれる労働者による自治政府が成立し、ヴェルサイユの臨時政府と対立しました。臨時政府はドイツ軍の援助を得て市街戦を展開し、これを軍事的に制圧します。日本ではまだ顕在化していない労働者問題を、使節団は目のあたりにする機会を得たのでした。

もし使節団の派遣がほんの数年前であったなら、彼らはドイツ帝国の成立もフランス帝国の崩壊も見ることなく終わったでしょう。歴史には偶然がもたらす機縁がしばしば存在します。日本がロシアやフランスではなく、新興国ドイツを模範とするようになる伏線は、この一八七一年という年にあるように思えてなりません。

教育制度こそ重要

使節団の事務方の一員だった久米邦武《くめくにたけ》は、この三年間の視察訪問についての詳細な報告記録を遺しています。正直言って、僕も全部を通読したわけではないのですが、彼らが西洋文明のどんな点に驚き、日本をどのように変えていこうと決意したかが、手に取るようにわかる優れた記述です。久米は帰国後、歴史学者として名をなすことになります。彼は史料編纂掛《しりょうへんさんがかり》において、重野安繹《しげのやすつぐ》らとともに、儒学や国学による観念的な歴史認識を正し、事実にもとづいた歴史の編纂を企てました。記紀に書かれている内容は歴史的事実ではなく神話伝説にすぎない、というのが彼らの立場でした。これもまた、欧米諸国をひととおり見て回った経験に裏打ちされた、合理主義的な思考のたまものでしょうか。外のことをきちんと知ってはじめて、内側のことも見えてくるのです（そう、世界史を知らないで日本史は語れないという僕の持論と同じです。逆もまた真なりですが）。

しかし、久米の合理主義は、神話を真実として信じたい心性を持つ保守的な人々から嫌われました。「神道は祭天の古俗」、つまり日本古来の神道とかいってありがたがっているものも、世界中どこでも見られる太古の素朴な信仰形態にすぎない、と論文で喝破したため、久米は東京大学を逐《お》われることになります。そんな彼を迎えたのが、同郷（佐賀）の大隈重信が創設した早稲田《わせだ》でした。早稲田からはのちに津田左右吉《つだそうきち》が出て、記紀神話を実証的に解体・批判します。もっとも、津田もまた、昭和十年代に東大で講師として教えた内容が不敬であると咎められ、著書は発禁、自身は訴追という目に遭うことになります。当時の呼称で「大東亜《だいとうあ》戦争」の最中のことでした。学問言論の自由は、それによって自分たちが信じたい偶像を脅かされると感じる人たちにとっては恐るべきものであり、古来このようにさまざまな弾圧が加えられることになるのです。「明治維新は日本にとって良いことだったか疑問だ」などという主張も、弾圧を受ける虞《おそれ》なきにしもあらず、でしょうかね。

さて、話を戻します。

岩倉使節団には六十名ほどの留学生が同行していました。遣唐使以来の伝統でしょうか。ただ、近代的な事象として、女性の留学生も含まれていたことは特筆に値します。彼女たちはみな、アメリカで現地の家庭にホームステイしながら勉強を続けました。なかでも、津田梅子《つだうめこ》は帰国後、津田塾《つだじゆく》を開いて女性教育者の草分け的存在となりました。

明治政府の初等教育政策は、明治五年（一八七二）の学制公布に端を発します。岩倉使節団の渡欧中のことでした。学制は部分的にうまく機能しなかったため、明治十二年（一八七九）には教育令によって取って代わられます。これにさきだって、明治十年（一八七七）には総合的な高等教育機関として東京大学が誕生し、初等教育（小学校）・中等教育（中学校＝いまの高等学校に相当）の上に君臨しました。教師養成機関として師範《しはん》学校がいくつも設けられ、教育に熱意を持つ優秀な人材を集めました。これら官立の学校のほかに、私学もあいついで開設され、それぞれに特色ある学風を備え、慶應義塾・早稲田・同志社など、いまも続く名門が続々と創立されました。

教育制度の改革が比較的順調に進んだのは、前にも述べたように、江戸時代後半以来の文化的伝統に根ざしていたからです。政府が強圧的に学校を設立したわけではなく、民間側にも西洋風の教育を受けたい、そのための学校を設立したいという欲求があったのです。日本の西洋化・近代化が成功したのは、もともとこうした教育観があったためでした。

教育は制度だけ作れば機能するというものではありません。教育者の人材養成をはじめとするさまざまなインフラ整備と、教育を受ける側の積極的な支持があってはじめて実を結ぶものです。景気回復のための経済政策や、具体的な案件を解決するための外交交渉などとは異なり、教育の成果が出てくるのは、子供たちが成人する十年、二十年後のことです。いや、成果だけではありません。弊害も同じく長期の時間を経てはじめて顕在化します。そして、その弊害に気づいたときには、もう手遅れなのです。僕たち教育にたずさわる者だけでなく、おとな全員が、君たちの世代に責任を負うことになるだろう事柄なのです。前にも書きましたが、明治政府は教育をきわめて重視したという点で（その教育の中身はさておき）、高く評価されてしかるべきでしょう。

14 昌平坂学問所を切った東京大学

二つの大学の起源

江戸時代末期、大阪（当時の表記で大坂）には、すぐ近所に二種類の学校がありました。懐徳堂《かいとくどう》と適塾《てきじゆく》です。

懐徳堂は十八世紀に、地元の町人たちが資金を出し合って設立した学校でした。荻生徂徠の学風に反発を覚えた篤志家たちが、正統的な朱子学を教授する場所として設けたのです。のちに幕府の公的資金援助も受けるようになり、関西における朱子学の拠点としての役割を果たしました。かの頼山陽もここの人たちと交流しています。いわば、東アジアの伝統的学術を伝授する場と言えましょう。

一方、適塾は、蘭学者《らんがくしや》緒方洪庵《おがたこうあん》の私塾《しじゆく》です。西洋の学問を導入する窓口として、全ます。

国から俊才が集まりました。慶應義塾の創設者福沢諭吉《ふくざわゆきち》も、若いころここで学んでいます。

大阪大学の歴史を繙《ひもと》くと、その起源としてこの二つの学校をあげていることがわかります。東アジアの伝統学術（儒教）と、欧米の学問（近代科学）と。近代における日本の高等教育は、この二つの源流を持っていたのです。

ところが情けないことに、僕が勤める東京大学は、意図的に前者との断絶を強調しています。松平定信が寛政の改革で幕府の公式な学校とした昌平坂学問所《しょうへいざかがくもんじょ》を、源流の一つとしてあげながら、結局は閉鎖・廃止になったとして、「うちは制度上ことは関係ありません」と言っているのです（次頁図参照）。

では東京大学の直接の源流は何かというと、その公式見解によれば、幕府の天文方《てんもんかた》と種痘所《しゅとうじょ》です。前者は暦の制定を司る学術機関として設置され、やがて西洋の自然科学、いまでいえば理学部に相当する学術を研究する機関となりました。後者はその名のとおり、蘭法による予防医学を実践する施設として作られ、やがて医学・薬学の研究機関となります。昌平坂学問所を改組した「大学」（この名称は朱子学に由来します）の外郭組織として、この二つは大学南校《なんこう》・大学東校《とうこう》と呼ばれたのですが、やがて統合のうえ母屋を乗っ取って「東京大学」を称します。

ぼくが現在東大で所属しているのは、文学部の中国思想文化学研究室です（文庫版追記：その後異動しました）。内容的には儒教・道教といった、東アジアの伝統思想を研究・教育しているのですが、このように系譜上は昌平坂学問所と断絶していることになっています。それは東京大学が、西洋の学術を移入することを主たる目的として設置されたからなのです。儒教の研究は、江戸時代の昌平坂学問所や懐徳堂とは異なって、西洋伝来の「哲学」としておこなわれたのでした。

「教育荒廃」の原因は

明治政府は西洋の学術を移入するにあたり、本場の学者たちを招聘《しょうへい》しました。当時の日本は給与水準が欧米諸国より遥かに低かったのですが、政府は優秀な人材を集めるために破格の高給を払いました。こうして欧米各国から、情熱にあふれた若手の教師たちを集めることに成功します。彼らのことをふつう「お雇い外国人教師」と呼んでいます。

そうなのです。教育を充実させるには、教員の給与を高くして優秀な人材を集める

東京大学沿革略図

貞亨元年 12 月	（天文方）		
寛政 9 年 12 月		昌平坂学問所（昌平黌）	
文化 8 年 5 月	（蛮書和解御用）		
安政 4 年 1 月	蕃書調書		
安政 5 年 5 月			種痘所
文久 2 年 5 月	洋書調所		
文久 3 年 2 月			医学所
文久 3 年 8 月	開成所		
明治元年 6 月		昌平学校	医学校
明治元年 9 月	開成学校		
明治 2 年 6 月	（大学校分局）	大学校	（大学校分局）
明治 2 年 12 月	大学南校	大学	大学東校
明治 3 年 7 月		（閉鎖）	
明治 4 年 7 月	南校	（廃止）	東校
明治 7 年 5 月	東京開成学校		東京医学校
明治 10 年 4 月	東京大学（法理文・医）		

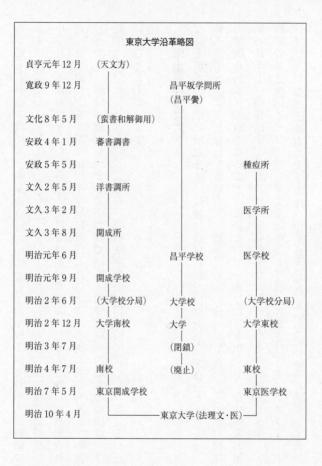

のが最も有効な手段です。明治政府は、中等教育（中学校）にも外国人を高給で雇います。『怪談』で有名なラフカディオ・ハーン（日本名、小泉八雲《こいずみやくも》）は、島根県松江の中学校の英語教師でした。外国人だけではありません。日本人も教員は高給取りでした。夏目漱石《なつめそうせき》が愛媛県松山の中学校に赴任したことは、小説『坊っちゃん』の描くとおりです。僕は、最近やかましくいわれている「教育荒廃」の最大の原因は、学校の先生（僕のような大学教員をふくむ）の給与水準が、相対的に低くなってしまったことにあると考えています。

実学偏重は危ない

話を明治の大学に戻します。最初に設けられた国立大学、すなわち東京大学（のち帝国大学と改称し、京都にも帝国大学が設置されてからは「東京帝国大学」）は、西洋近代の学問を日本に定着させることを使命としていました。なかでも、近代国家の根幹である法学と、西洋医学、それに富国強兵《ふこくきょうへい》に欠かせない工学とが重視されます。工学は、西洋の最先進国イギリスでは単なる技術として低く評価され、オックスフォードやケンブリッジなど伝統ある大学では、元来教えられていない分野でした。しかし、「文明開化」を標榜する明治の日本は、こうした実践的学問に先行投資したのです。そのなごりで、いまでも東大の諸学部を呼ぶときは「法・医・工・文・理……」の順序にする慣習になっています。

要するに、日本の近代学術移入は、すぐに役立つ分野を優先することで始まりました。それは、当時日本が置かれていた状況からして仕方がない面もあったとはいえ、現在にいたる実学偏重傾向の起源となっています。大学とは、ヨーロッパ（キリスト教）でも東アジア（儒教）でも、あるいは西アジアのイスラーム圏においても、もともとは人文学を中核とするものでした。技術的な知識は、徒弟制度のなかで修得されるべきものだったのです。いまでいう専門学校です（僕は専門学校を差別してこういっているのではありません。実践的に役に立つ技術を修得することは、社会には必須の重要事項です）。

ところが、日本では大学でも実用技術が重視されてきた結果、いまやそうしたことを修得させることを売りにした学部のほうに、人気が集まる事態を招いています。その被害を最も受けているのが文学部で、僕の勤め先でも深刻な問題になっています。単に自分の損得勘定ではなく、国家百年の計（ということば、わかりますか？）の観点からも、これは恐ろしい事態です。明治維新が成就したのは、それに先立つ人文学的な教育普及があったからでした。明治の近代化がすみやかに成果をあげたのも、実用技術を身につける大学生たちが、中学校や高等学校で人文学の素養を徹底的に仕込まれていたからでした。そもそも、十九世紀における西洋諸国の成功も、人文学の隆盛あってのことなのです。昌平坂学問所の後継者たることを意図的に拒み、理学（天文方）と医学（種痘所）だけを自分たちの源流としている東京大学に対して、僕はあえて内部批判の声をあげたいと思います。

15　チェンバレンとモースの見た日本

お雇い外国人教師による記録

人は自分にとって当たり前のことは記録しません。日記を考えてみましょう。日々の行動を書き留めるにしても、毎日繰り返すことは書きませんよね。そうではなく、普段と違う出来事があった場合にそれを記録します。たとえば、「風呂にはいって寝た」とは書かず、「寒気がしたので風呂にはいらなかった」と書くように。

歴史の記録もこれと同じです。珍しい事件が起こると、それが記録され、そうしてのちの時代にまで伝わります。けれども、人々が当たり前だと思っていることは、記録されることはありません。

ところが、時代が変わると「人々が当たり前だと思っていること」も変化します。

平安時代の人々は、たとえそれが光源氏《ひかるげんじ》のような貴族であっても、風呂にはいりませんでした。なぜなら、風呂場や風呂桶がまだ存在しなかったからです。歴史学では、「何年にどこで戦争があったか」というような「普段と違う出来事」は、記録した史料が遺っているので研究しやすいのですが、人々の日常生活というのはなかなかわかりにくいものなのです。

日本人の普段の生活の様子を記録してくれるのは、むしろ外国人です。なぜなら、日本人の生活ぶりは、彼らにとっては珍しいことだったからです。明治時代には、西洋人がそうした記録を多く遺してくれました。特に、お雇い外国人教師たちは、教師という職業上の習性もあってのことなのでしょう、当時の日本人の暮らしぶりを好奇心旺盛に観察し、本にまとめて自分の国の読者に向かって報告しました。

数あるそうした本のなかで、ここでは二冊の本を紹介しましょう。一つはバジル・ホール・チェンバレン（Basil Hall Chamberlain）の『日本事物誌』（*Things Japanese*）、もう一つはエドワード・シルヴェスター・モース（Edward Sylvester Morse）の『日本その日その日』（*Japan Day by Day*）です。

算盤と行水

チェンバレンはイギリス人で、一八七三年に二十三歳で来日し、東京大学で言語学を教え、三十年以上にわたって日本で暮らしました。『日本事物誌』は一八九〇年に初版（もちろん英語です）が出版され、その後、彼自身の改訂を何度も経て、一九三九年に最後の第六版が刊行されました。初版から五十年、このあいだに日本も大きく変化していますが、この最終版（高梨健吉訳、平凡社東洋文庫、全二巻、一九六九年）にも、明治初期の日本の香りが漂っています。

『日本事物誌』は、アルファベット順に配列された項目ごとに短い文章を列ねた、一種の事典方式を採っています。最初の項目は Abacus、算盤《そろばん》のことです。その冒頭を引用しましょう。

> 算盤《アバカス》（日本人はそろばんと呼ぶ）で勘定することを知っていると、買物のときにだいぶ得《とく》をする場合が多い。（中略）彼らは、ペンと紙で計算するわれわれのやり方よりも、算盤の方を今なお好んでいる。暗算というものはこの島国に存在しない。一般の日本人に、5に7を加えなさいと言うと、彼は親友ともいうべき算盤

が手許《もと》にないと、まったく途方にくれてしまう。(第一巻三頁)

この記述はちょっと大げさな気もしますが、日本人がいつでもどこでも算盤片手に計算している様子に驚いたチェンバレンの、素直な感想なのでしょう。チェンバレンは結局、算盤での計算術は学習しなかったようですが、骨董屋の番頭がぱちぱちと珠《たま》をはじいて出した数値にだまされないように、こちらもきちんと算盤を覚えておくとよいというのです。

「入浴」(Bathing)という項目は、こう始まります。

清潔は、日本文明のなかで数少ない独創的なものの一つである。他のほとんど(注記：原文「ほとんで」は誤植でしょう)すべての日本の慣習は、根源を中国に発する。しかし浴槽だけは別物である。(第一巻六〇頁)

風呂は西洋人を驚かせたようで、ほかの人たちの記録でも、必ずといっていいほど言及されています。そして、チェンバレンと同じく、それが日本人の清潔さと結びついているのと主張するのです。当時はまだ内風呂は一般に普及していなかったので、戸外での行水《ぎょうずい》が行われていました。江戸時代にはごく普通の光景だったのでしょうが、明治の文明開化政策で、公衆の面前で裸体をさらすことは法律で禁じられるようになります。チェンバレンはこう述べています。

……人びとは盥《たらい》を家の外に出す〔行水《ぎょうずい》〕。ただし、現代法規を実施する責任を持つ警官が近所を巡回して来ないときに限る。西洋人はわざとらしく上品ぶるが、日本人はそれにもまして清潔を尊ぶのである。ジャパン・メール紙の編集者がうまいことを言った。日本では裸体姿《ヌード》は見られるが、眺めるものはない、と。（第一巻六〇〜六一頁）

戸外での行水は当たり前のことなので、日本人は覗き見などしなかったのでしょう。銭湯での男女混浴が厳しく規制されるようになったのも、明治になってからのことでした。人間は「見てはいけない」と言われると、覗いてみたくなる生き物です。チェンバレン来日当初は、江戸時代の雰囲気がまだ残り、人々はおおらかに行水していたのでした。恥ずかしいと思わなければ、何も隠すことはないのです。女性がみんな隠すことをやめれば、わざわざ覗こうとする男性もいなくなるでしょう。万歳！

民衆文化のスケッチ

さて、もう一人のモースのほうは、アメリカ人の動物学者です。三十九歳で来日し、三カ月後に大森貝塚を発見します。彼も東大で教え、ダーウィンの進化論を講じました。日本滞在期間はチェンバレンよりずっと短い六年間でしたが、民具や陶磁器を蒐集して持ち帰り、日本の民衆文化を紹介しました。

『日本その日その日』は一九一七年に刊行され、日本で書き溜めた彼のスケッチが、挿絵として活用されています。写真とはちがって、絵には書き手の主観が反映されるところがあります。それは事実そのものからはずれていたりしますが、そのずれのなかに、作者がどういう視線で対象（日本）を眺めていたかがうかがえ、興味深い資料です。日本語の翻訳（同じく平凡社東洋文庫から一九七〇～七一年に出ています。全三巻）にも採録されているので、ぜひ味わってみてください（文献史料、すなわち文字による記録というものも、この意味で写真よりは絵に近いと僕は思います。書物に書いてあることは事実そのままではなく、書いた人の視線に影響されているのです）。

なかでも、僕は既婚女性がお歯《は》黒《ぐろ》をしている絵（左上図）が好きです。前屈みに正座した女性が左手で右の袂《たもと》を押さえながら、歯を染めている場面を描いたものです。そこの文章を見てみましょう。

モース『日本その日その日』（平凡社東洋文庫）より

口をすすいだ水をはき出す特別な銅の器があり、それにかけ渡した金属板の上には、二つの真鍮《しんちゅう》の容器が置かれる。（中略）刷毛《はけ》は一端をささらみたいにした木の小片で、つまり普通の日本の歯《は》楊子《ようじ》である。彼女はこれを鉄の水にひたし、次に堅果《ナッツ》の虫瘻《むしこぶ》に入れ、あたかも歯を清潔にしているかの如くこすり、時々横に置いた鉢の水で口をそそぎ、また鏡を取り上げて歯を（注記：ここの翻訳は「が」のほうがいいですね）充分黒くなったかどう

かを見る。(第三巻一五三〜一五四頁、ルビを付加した)

この女性は下宿のおかみさんですが、彼女の話によると三、四日に一度は同じことを繰り返すそうだ、とモースは記録しています。日本の男性にとっては日常見慣れた、ありふれた光景すぎて、わざわざスケッチまでして記録にとどめたりはしなかったでしょう。いま僕たちが、君たち女性が歯の白くなる薬を使うことを特記しないように。そうなんです。ここで僕が伝えたかったのは、「白い歯っていいな」という今の広告は、かつての日本女性には通じなかったということです。お歯黒は既婚女性であることを示す印でした。いまの結婚指輪に相当するものでしょうか。そして、歯が黒いことは「きもい」ことではなく、人妻の色気と成熟の象徴でもありました。「熟女」っていうやつですね(うわっ、さっきの裸の話に続いてエロくなってますね。この辺でやめておきます)。

最後にまじめな話を一つしておきましょう。彼らお雇い外国人教師たちのおかげで、西洋の最先端の学問が日本に紹介されます。ただし、教室で使われた言語は日本語ではありませんでした。チェンバレンやモースは、英語で言語学や生物学を講じたのです。やがて彼らの教え子の日本人たちが、教壇に立つようになります。彼らは専門用語を日本語に翻訳し、そうして日本語によって専門教育を、同じ日本人向けに施すようになりました。

近年、国際化という掛け声のもと、大学の専門教育を英語でやろうという動きが一部にあります。たしかに、自然科学や社会科学では日本語を使うことは国際的でないのかもしれません。しかし、日本の学術としてそれらを普及発展させていくためには、日本語で伝達する努力も怠ってはならないのではないかと、僕は考えます。文化の基礎は言語です。日本語での教育は、その根幹をなす事柄だと思います。

16　窮余の太陽暦採用

寺の鐘で刻を知る

明治の西洋近代化は、時間の決め方にも及びました。「時の文明開化」（岡田芳朗〈大修館書店、一九九四年〉『明治改暦』）といわれています。

江戸時代、西洋製の機械時計は、オランダ商人が将軍に献上した品として江戸城中にあったものの、一般庶民の生活とは無縁でした。人々はお寺の鐘によって時刻を知っていたのです。午後でいえば、正午に九回鳴るのをはじめ、鐘が八つ鳴ると「八つ刻《どき》」で、一服してお菓子を食べ（「おやつ」の語源）、六つ鳴るのは夕暮れ（暮れ六つ）で、一日の労働終了を意味します。そう、時刻の経過とともに、鐘が鳴る回数は減っていくのですね。「四つ」は夜も遅い時刻、その次は九つ鳴って日付が変わります。

「草木も眠る丑満《うしみ》つ刻《どき》、寺の鐘が陰にこもって、ご〜ん」という怪談でおなじみの時刻は、午前の八つ刻です。やがて夜があけて「明け六つ」となります。六つ刻が日の出と日没の時刻であるのは、夏か冬かを問いません。東京のいまの時刻体系では夏至《げし》のころには午前四時頃、冬至《とうじ》のころには七時ごろが日の出の時刻ですが、江戸時代はいつも「六つ」でした。これを不定時法といいます（「六つ」が日の出日没の時刻として固定されているという意味では、不定時というのも変な気がしますが、西洋中心主義の呼称法なので仕方がありません）。したがって、昼の一刻と夜の一刻は（春分と秋分の日を除いて）長さが異なることになります。夏は昼の一刻のほうが夜よりも長く、冬はその逆です。「秋の夜長」といいますが、物理的に本当に夏よりも長かったわけですね。

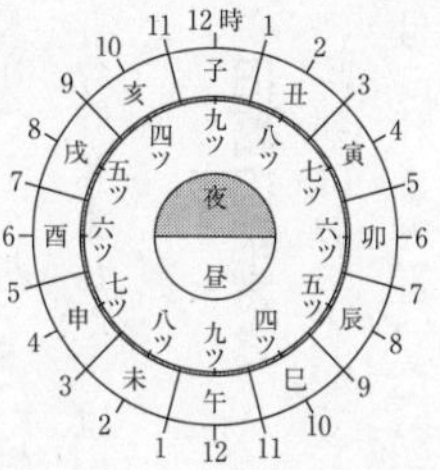

江戸時代はこんなふうに、アバウトな時刻の使い方をしていました。厳密性が求められる場合は、古代中国で発明された水時計（漏刻《ろうこく》）や、西洋式機械時計を用いたりもしましたが、人々の日常生活はそれで済んでいたのです。しょっちゅう腕時計を気にしている僕などからすると、うらやましいか

ぎりです。あ、また無意識に時計に目がいきました。この章を書きはじめてから二十五分経ちました、はい。

旧暦の精密さ

時刻はおおまかでしたが、日付の決め方のほうはいまよりずっと複雑精密です。僕はこれまで書いたいろんな本のなかで、ことあるごとに昔の暦（ふつう旧暦と呼ばれているもの）について簡単に解説してきました（近いところでは、『織田信長　最後の茶会』光文社新書、二〇〇九年。文庫版追記：二〇一八年の『天皇と儒教思想』光文社新書ではかなり詳しく書きました）。内容的にそれらと重なりますが、近代とは何かを考えるのに重要な問題だと思うので、辛抱して聞いてください。

旧暦の仕組みを発明したのも、古代中国です。遣唐使が持ち帰った中国（唐）の暦が一千年近く用いられたのち、江戸時代のなかばには渋川春海《しぶかわはるみ》が、より新しい時代の中国の暦を参考にして、独自の計算方法を定めました（貞享暦《じょうきょうれき》）。ただし、基本的な日付の決め方に変更はありませんでした。

旧暦の特徴は、太陽の運行と月の運行をどちらも活用するという点にあります。いま僕らが使っている暦を太陽暦と呼ぶことは知っていますよね。これは太陽の運行だけを意識していて、月のほうを無視していることによる名称です。太陽暦と区別する場合、旧暦は「太陰太陽暦《たいいんたいようれき》」と呼ばれます。太陰とは月のことです（というか、日のほうを「太陽」と呼びますからね）。以下、天体としての月・日と、日付に使う月日とがまぎらわしいので、天体のほうは太陰・太陽と呼んでおきましょう。

太陰には満ち欠けがありますよね。新月から三日月や上弦を経て満月になり、今度はだんだん右側から欠けていって下弦を経てまた新月になります。その周期は、約二九・五日です。この長さが一カ月です。一方、太陽のほうは一日の昼と夜の長さ（日の出から日没までの長さと、日没から日の出までの長さ）が変わります。昼のほうに注目すると、冬至のときがいちばん短くて、それからだんだん長くなり、夏至が最長、ここからしだいに短くなってまた冬至を迎えます。冬至から冬至まで（夏至から夏至まで）の日数は、三六五・二四二二日です。これが一年です。

一年の日数が、一カ月の整数倍にきっかりなっていれば、以下のような操作は必要なかったはずです。でもそうなっていませんよね。近似値は十二ですが、だいぶ余ります。太陽暦では、この余った分を、一カ月の日数を三十や三十一にすることで調整しています。しかしそうすると、太陰の満ち欠けとは対応しなくなってしまいます。旧暦では、太陰の満ち欠けを、日付を決める標準として用います。だから「三日月」とか「十五夜」とか呼ぶのです。

天体観測上の一カ月は二九・五日なので、暦のうえでは二十九日の月と三十日の月が、ほぼ同じ数だけ設けられます（太陽暦とちがって、何月は何日まであると一定していません。年によって、たとえば三月が二十九日しかなかったり三十日あったりします）。余った十一日ほど（365－29.5×12＝11）は貯金しておきます。そうして、それが二九・五日分になったら（二年半ちょっとでそうなりますよね）、「余分な月」を意味する閏月《うるうづき》というものを置きます。閏月は十九年に七回あります。そして、閏月がある年は、一年が十三カ月です。ここがこの章のポイントです。

なぜ明治六年に改暦したか

明治六年、西暦で一八七三年に相当する年は、閏月を設ける年でした。当時、岩倉使節団はまだ訪欧中で、留守政府の財政は大隈重信が担当していました。学制・徴兵《ちょうへい》制《せい》の新設や殖産興業《しょくさんこうぎょう》政策など諸事に物入りの一方で、税制改革の成果はまだあまりうまくあがらず、経済規模も大きくないため税収は伸び悩みます。財政は逼迫していました。官吏たちの給料さえ満足に払えない状況でした（江戸時代の武士は年俸制度でしたが、明治政府は月給制度を採用したのです）。一年に十二回の給料日でさえきついのに、明治六年にはなんと、一年に十三回も給与支払いをせねばなりません。さあ大隈、困りました。

さすが、のちに早稲田を創立するだけのことはあって、大隈というのは頭のいい人でした。給料を通常の年と同じく、十二回だけ支払えばよい方法を思いついたのです。明治六年をふつうの年にしてしまえばよいことに気づいたのでした。この年に十三カ月あるのは、中国や韓国など、東アジアの国々だけです。文明開化の模範である欧米諸国の暦（太陽暦）は、そうなっていません。これらの国々では、この年も給料は十二回だけ支払われることでしょう。

かくして、日本も欧米諸国に倣って、太陽暦を採用することが決まりました。政府がこのことを公布したのが、前年（明治五年）の十月だったのは、それがいかに急な決定であったかを示しています。旧暦と太陽暦のあいだには、日付に約一カ月の食い違いがありますので（本書ではこのことは説明しません、『織田信長　最後の茶会』を読んでください)、太陽暦ではすでに十一月になっていました(前に坂本龍馬の生まれた年を、いまでは一八三六年にしているといったのは、旧暦では前の年だったのに太陽暦では次の年になっているからです。でも、僕はこのやりかたをせず、彼の生まれた年は、ほぼ一八三五年と重なる年として扱っています。当時の感覚では同い年だった人が、違う年の生まれになってしまってはまずいと考えるからです)。

明治五年すなわち一八七二年に相当する年の十月に、太陽暦採用が布告されたとき、太陽暦ではもう十一月になっていて、新年まではあと二カ月を切っていました。そのため、明治五年には十二月という月が存在しません。そうです、その点でも政府は給与支払いを節約できたのです。本来であれば、明治五年に十二回、六年に十三回支払うべきところを、五年に十一回(しかも十一月は変則的に短くなったので、安くしたんでしょうか)、六年に十二回で済んでしまいました。二カ月分の給料が、国庫から減らずに済んだのです。財政破綻と給料未払いは、当面回避されました。ずいぶんせこくてずるいやりかただと思いますけれど。

びっくりしたのは一般庶民です。特に伝統的な年中行事は、太陽暦採用で日付が一カ月近く繰り上がったことで混乱します。それまで立春《りっしゅん》の前後だった正月が、まだ寒《かん》の内《うち》に、桃の節句《せっく》だった雛《ひな》祭り（三月三日）が、早春の梅の花のころに、真夏の空を見上げて祝っていた七夕《たなばた》（七月七日）が、梅雨の真っ最中になってしまいました。そのため、これらの諸行事はかなりのちまで（地方によっては昭和まで）、旧暦の日取りで行われました。「旧正月」というのは、旧暦による正月のことです。

中国や韓国でも、日本に数十年遅れて太陽暦が採用されます。しかし、ベトナムをふくむこれらの国々では、伝統的な行事はいまでも旧暦でおこなっています。彼らにとって、太陽暦の一月一日はたしかに暦のうえでの新年ですが、本当のお正月ではありません。官庁や会社が数日間休みになり、故郷に戻って一族集まって祝うのは、旧正月のほうです。ぼくの個人的意見ですが、日本が今後、東アジアの一員としてやっていくつもりであれば、ぜひ彼らにあわせて、日本でも旧正月を復活すべきだと思います。

17 鉄道物語

開業三十年間のすさまじい変化

明治五年（一八七二）五月七日、日本で最初の鉄道が仮営業を開始しました。品川から横浜（いまの桜木町駅）までの約二十四キロです。七月には新橋〜品川間、約五キロの線路が完成し、新橋〜横浜間の正式な開通式は九月十二日に挙行されました。太陽暦では十月十四日にあたるため、この日付が鉄道記念日となりました。

当初のダイヤは一日九往復、所要時間は片道五十三分だったということです。いまの京浜東北線で新橋〜桜木町が三十八分かかりますから、これはなかなかの速度です。鉄道開通以前は馬や早駕籠《はやかご》が陸路を最速で走る手段でしたし、そうしたものに乗れるのは一部の限られた人だけでしたから、はじめて汽車に乗った当時の人たちにとっては、僕たちがジェットコースターに乗るような感覚だったかもしれません。

鉄道開通によって、新開の国際都市横浜は東京からの日帰り圏になりました。というか、そうした外国人や日本人のビジネスパーソンたちの便宜を図る意味で、まずここに鉄道路線が敷設されたのです。明治十四年には全線が複線化され、対向車を駅で待たずに運行することができるようになりました。

その後、各地で線路の敷設が進み、東海道では明治二十二年（一八八九）に新橋から神戸までの全線がつながり、約二十時間で行けるようになりました。その二年後には、東北本線の上野～青森間が全通（片道二十六時間）します。さらに山陽本線も開通し、東京～下関直通急行はまる一日で結んだといいます。いまは新幹線「のぞみ」で東京から約四時間半です（残念ながら、のぞみは新下関駅を通過するので、実際に降りることはできませんが）。江戸時代には（瀬戸内海は船を使うにしても）十日以上かかっていたわけですから、鉄道開業以来三十年間の変化は、そのあと現在までの百年間に比べても、すさまじいものだったことがわかります。

大都市の鉄道路線網

日本の鉄道を世界の諸外国と比較した場合の最大の特徴は、大都市内部の路線網にあると言われています。国際的には、鉄道は郊外や遠方にでかける場合の乗り物なのです。たとえば、フランスのパリでは都心部に鉄道の線路はありません。しかも、方角ごとに都心の縁辺にいくつかの駅が分かれており、南方に向かう路線の始発駅は、その目的地の都市にちなんでリヨン駅と呼ばれています。言ってみれば、新宿駅を「甲府駅」というようなものですね。これらの鉄道駅どうしを結ぶのは、長距離鉄道とは別の地下鉄です。

これに対して、日本では早くから大都市内部の交通網としても地上の鉄道が建設されはじめました。東京では、まず短距離の路線がいくつも開通し、それらが相互に連結することによって、現在の山手《やまのて》線や中央・総武《そうぶ》線が形成されていきます。また、私鉄が新宿・渋谷・池袋・千住《せんじゅ》(のち浅草)などといったターミナルから、郊外への路線を敷設しました。これらの路線は電化されており、そのため機関車からの煙を町なかにまき散らすことがないのが取り柄でした。いわば「エコトレイン」です。電車は通勤や買物の足として機能するようになり、東京の市街地拡大に寄与しました。

　このほか、路面電車や地下鉄も営業を始め、東京には鉄道路線の網の目が血管のように張り巡らされていきます。ただ、最初から全体の設計図を描いたうえで作られたわけではないため、その路線の複雑さがわかりにくいのは否めません。いまでも地下鉄の路線図は互いに入り組んでいますよね。

　ともかく、路面電車や地下鉄も含めた鉄道網は、近代日本の交通の中枢的な地位を占めるようになっていきました。これと反比例して、船による水運は江戸時代の力を失っていきます。かつては、海や河に面して設けられた船着き場を中心に栄えた町が、鉄道路線からはずれることによって、衰退していきました。また、海岸線が複雑に入り組んだ地域では、鉄道は個々の津を結ぶ交通手段として不向きだったため、全体に地盤沈下が生じてしまいます。そして、鉄道の駅と直結することのできる立地条件に恵まれた港湾都市が、周囲の繁栄をも吸収する形で成長していきます。横浜は、その意味でも典型的でしょう。鎌倉時代の昔から存在する、東京湾に面したいくつもの港のなかで、横浜が一人勝ちを収めるのです。

そして新幹線へ

しかし、歴史とは皮肉なものです。鉄道がさらに高速化を追求する時代になると、線路はできるだけ直線で敷かれることが求められます。昭和三十九年（一九六四）開業の東海道新幹線は、横浜の旧市街には寄らずに、東京と小田原とを直線的に結ぶ形で線路が敷かれました。横浜市内には横浜線と交差する地点に、「新横浜」という駅が設けられました。開業当初、超特急「ひかり」はすべて、東京の次は名古屋に停車していました。僕の子供の頃は、京都・大阪方面への旅行では、ここ新横浜から「こだま」号に乗らざるを得ませんでした。

その後、ブレーキ技術の改良により、今では「のぞみ」号もすべて新横浜に停車しています。それはもちろん、ここで乗降する客が多くなったこととも関係しているのでしょう。新横浜駅周辺は、僕の最初の記憶ではビルのない畑地でした。今ではホテルや会議場のビルが立ち並び、新幹線を利用して各地から人が集まってくることがよくわかります。この光景を見るたびに、横浜が港町であるとともに、鉄道によって発展してきた都市であると実感します。航空機の時代になっても、（羽田空港が東京都内の神奈川県寄りにあることも一因でしょうが）自前の空港を持たずに大都会としての威厳を保っていられるのは、そうしたところに理由があるのでしょうか。
鉄道は文明開化の象徴として、近代日本の発展を支えてきたのでした。

18　韓国問題と日清戦争

韓国への視線

これからしばらく、明治の日本と外国との関わりについて話していきましょう。

もし「日本の隣国はどこか」と訊かれたら、君はどこを答えますか?

日本は島国で四方を海に囲まれ、陸地で直接国境を接する国は存在しません。ですから、この問いへの答えはかなりゆるやかに考えることができるでしょう。卑弥呼や遣唐使の昔からの付き合いをもつ中国は隣国といっていいでしょうし、日本海を隔てるロシアも隣国です。「北方領土」問題というのは、ロシアが隣国であればこその話です。あるいは、太平洋という巨大な海の向こうではありますが、アメリカ合衆国も隣国と呼べるかもしれません。実際、太平洋戦争は、日本海軍がハワイの真珠湾に攻撃をしかけたことによって開戦しています。

でも、最も近い隣国は、韓国ではないでしょうか。卑弥呼が中国（魏）の使節団を迎える以前から、日本列島と朝鮮半島との間には往来がありました。というか、卑弥呼のところにやってきた魏の使節は、都の洛陽《らくよう》からわざわざ出向いてきたわけではなく、帯方郡《たいほうぐん》という地方行政区の役人で、帯方郡はいまの北朝鮮の領域内にあったのでした。つまりこの使節は、厳密にいえば「中国からの使節」ではなく、「朝鮮（韓国）からの使節」だったのです。卑弥呼より三百年後には、飛鳥《あすか》に王権が確立します。前作で述べたように、伝説に彩られてきた「聖徳太子」こと厩戸王《うまやどおう》ですが、彼とその周辺には百済《くだら》や新羅《しらぎ》といった、朝鮮半島の文化が直輸入されていました。

ところが、これも前作で述べたように、古来、「三国」というとインドと中国と日本のことを指し、韓国は見事に無視される傾向にありました。そして、それは近代における韓国軽視もしくは蔑視につながり、いまもなお尾を引いているように僕には思えてなりません。

二十一世紀になってから、サッカーのワールドカップを共同開催したり、「韓流」ということばが生まれたり、プロ野球世界一の座を争ったりすることで、韓国はようやく身近な国になってきたようです。僕の学生時代にはまだ普及していなかった韓国語も、いまではアジアの言語としては、中国語についで一般的になってきました。しかし、韓国の歴史、特に近代において日本がこの国に対してしてきた所行の数々について、君たちはどれだけきちんと教わっているのでしょう。

江戸時代のいわゆる「鎖国」期にも、幕府は韓国（朝鮮王国）と、公式な外交関係を結んでいました。対馬藩《つしま》を仲介役とするこの往来は、朝鮮からの通信使が、江戸まで行列を組むことで知られていました。ところが、江戸幕府の財政悪化などにより、通信使は十九世紀はじめに廃絶します。それと因果関係があるのか定かではありませんけれども、このころから日本国内で、「日本は優れた国だ」という意識が強まります。このことは前作でも触れたとおりです。日本は、この最も近い隣人との関係を絶つことによって、自意識過剰になってしまったのかもしれません。

明治維新後、日本は朝鮮に通交を求めますが、拒絶されます。当時から、そしてことによると今でも、日本ではこのことを、朝鮮政府首脳部の頑迷固陋《がんめいころう》さを象徴する事例とみなしてきました。しかし、朝鮮側の立場で考えてみれば、この態度は納得がいくはずです。なぜなら、朝鮮は従来どおり、中国（清）を中心とする国際秩序を信じており、そこから勝手に抜け出して西洋人のものまねを始めた日本に対して、不信感を持ったにちがいないからです。欧米こそが文明だとするのは、明治政府の判断にすぎず、朝鮮政府は自分たちの価値意識を変更する必要を、この時点ではまだ感じていなかったのでした。

征韓の思想

ところが、サムライの国、日本は、自分の言い分を聞かない隣国を武力で懲《こ》らしめようとします。征韓論《せいかんろん》です。「征」という字は、上に立つ者が下の者のまちがった行為を懲らしめる、という意味を持っています。しかも、当時のこの隣国の正式な国名は「朝鮮」であり、「韓」ではありませんでした（この国名問題は、時期によって変わるややこしいものなので、のちほどまた説明します）。それなのに、「征朝」ではなく「征韓」なのは、明治政府が神功《じんぐう》皇后の三韓征伐《さんかんせいばつ》を意識していたからでしょう。

神功皇后の三韓征伐とは、前作で述べた、『古事記』や『日本書紀』に出てくる事件です。そのときにも強調したように、これは日本側が勝手に作りあげた虚構であって、なんら歴史的事実を反映するものではありません。しかし、卑弥呼をモデルとして造形されたこの皇后が、隣国をひれ伏させたとすることによって、実際に記紀が編纂された七世紀後半の国際情勢のなかで、ずっと昔から日本が韓国(当時の王朝は新羅)より上位にあるのだ、という歴史を捏造したのでした。

明治政府の首脳たちは、記紀やそれにもとづく水戸学・国学の歴史認識によって、この伝承を信じきっていました。征韓論は、岩倉使節団派遣中の留守政府、すなわち西郷隆盛や板垣退助によって政策とされ、明治六年(一八七三)八月には、西郷を特使として朝鮮に派遣することを内定するところまで進みました。

ところが、帰国した岩倉具視や大久保利通たちは、欧米諸国を見聞した体験から、現時点での朝鮮との交戦は国益に反すると考え、この政策を取り消させます。不満に思った留守政府の者たちは、一斉に下野しました。西郷は、その四年後に西南戦争を起こして「賊軍の首領」として戦死し、板垣は、自由民権運動を起こして政府から迫害されました。ともすると、西郷や板垣を庶民の味方として英雄視し、岩倉や大久保を体制側の厭な奴とみなしがちですが、前者が征韓論という侵略政策の積極的な推進者だったことを、忘れてはなりません。

もっとも、岩倉や大久保たちも、朝鮮と末永く対等な友好関係を築こうなどとは思っていませんでした。その時点での軍事行動が得策ではない、と判断しただけのことでした。そのため、二年後の明治八年（一八七五）には軍艦を派遣し、示威行動によって朝鮮政府を挑発しました。案の定、江華島《こうかとう》砲台から攻撃を受けたので、即座に報復攻撃して朝鮮政府を圧迫し、全権大使黒田清隆《くろだきよたか》（薩摩藩出身で西郷隆盛の部下でしたが、のちに第二代の内閣総理大臣になります）が交渉して、翌年、「日朝修好条規《にっちょうしゅうこうじょうき》」を締結することに成功します。彼ら自身そう自覚していましたが、これはほんの二十年前に、ペリー艦隊が日本を開国させたやりくちのものまねでした。

「日朝修好条規」は、朝鮮王国が王朝創設以来、五百年来一貫して国是としてきた「中国（明・清）を中心とする国際秩序のなかでの朝鮮王国」を否定しています。表向きは朝鮮を独立国として処遇し、中国の宗主権《そうしゅけん》から切り離す形をとっていますが、要は、先に欧米流の国際秩序の構成員になった日本国が、優越的立場から朝鮮国をむりやり開国させたものでした。

何のための日清戦争

当然のことながら、朝鮮国内では日本に対する反感が増しました。かつての豊臣秀吉の侵略の記憶も蘇り、当時と同じく、宗主国である中国に支援を求める動きが生じます。折から、中国（清）でも欧米列強に対抗するための改革として、いわゆる洋務《ようむ》運動が進んでおり、朝鮮を自分の勢力下に引き止めておくために、積極的な外交を展開します。新興勢力としての日本と、旧来からのアジアの大国、清。朝鮮をめぐる両者の利害は真っ向から対立します。その後二十年の紆余曲折を経て、両国はついに戦端を開きます。明治二十七年（一八九四）のことでした。

「日清戦争」という名称に惑わされて、ともするとこの戦争は、（日本の領内でないからにはきっと）中国領内を戦場としたにちがいないと誤解されるかもしれません。実際、黄海《こうかい》海戦や威海衛《いかいえい》海戦など、海軍同士の衝突は中国沿海部でも生じました。しかし、陸軍による戦闘は主として朝鮮国内で行われたのです。それは、この戦争が朝鮮支配をめぐって、その隣国同士の間で行われたためでした。

戦争は明治二十八年（一八九五）に、下関条約によって日本勝利の形で終結しました。これにより清は朝鮮が独立国であることを認め、また、台湾や遼東《りょうとう》半島を日本に割譲します（遼東半島はロシア・フランス・ドイツの三国干渉《さんごくかんしょう》によって清に返還）。前に述べた琉球処分（一八七九年）につづき、台湾も領土に加えたことで、日本は南方にも大きく勢力を伸ばしました。そして、懸案の朝鮮問題は、次の日露戦争によってさらなる展開を見せることになるのです。

19　日露戦争は防衛戦争ではない

「司馬史観」のゆがみ

司馬遼太郎の名前は前作でも引き合いに出しました。誤解のないように繰り返して言っておけば、僕は司馬が嫌いで彼の歴史認識を批判するのではありません。そうではなく、彼の史観が世間で一人歩きし、現在の学界の研究状況とは明らかに異なる認識がいまなお幅を利かしていることに対して、警鐘を鳴らしているつもりなのです。

僕がしばしば（だじゃれではないですよ！）、彼と頼山陽とを同列に並べるのもそのためです。山陽は『日本外史』という名著によって、維新の元勲《げんくん》たちを含む多くの日本人に、「日本は鎌倉・室町時代においても天皇中心の一つの国家だった」という歴史認識を定着させました。司馬は「明治維新は正しい変革だったのに、日露戦争で勝利してから道を誤った」という解釈を広めました。どちらも「単純でわかりやすい歴史」です。でも「単純でわかりやすい歴史」ほど危険なものはありません。人間とはそんなに単純な生き物ではなく、複雑だからです。

すでに少なからぬ歴史学者が、いわゆる「司馬史観」なるものを批判しています。ここではそのなかから、中塚明さんの『司馬遼太郎の歴史観』（高文研、二〇〇九年）という本を紹介しておきます。副題に「その「朝鮮観」と「明治栄光論」を問う」とあるように、司馬が朝鮮問題を無視して日露戦争までの明治時代を礼賛していることへの、根本的批判の書です。平易な文体なので、君もぜひ読んでみてください。

中塚氏は、近代における日本と朝鮮（韓国）との関係を長年研究してきた方です。上記の本では、二〇〇九年からNHKで（日曜晩の大河ドラマの枠を使って）放映される『坂の上の雲』を、批判対象としています。司馬のこの小説は、日露戦争を描いた長編ですが、途中から実録風の細かな考証に精力を注ぐ形で、この戦争が日本に何をもたらしたかを描いています。ただし、その基調は中塚氏が言うように「明治栄光論」です。

中塚氏は本のはじめのほうでこう述べています。

私は日本人の歴史感覚、あるいは欧米の大国のことは比較的よく知っているのに、隣国の韓国・朝鮮をはじめアジアの事情はよく知らないという日本人の国際感覚、さらに現在の日本の対外的な政策選択の問題等々を考えるとき、『坂の上の雲』のさらにもっと大きな問題は、司馬遼太郎の朝鮮についての叙述だ、と考えています。（二三頁）

なぜ「司馬遼太郎の朝鮮についての叙述」が問題だというのでしょうか？　実は問題は、彼が『坂の上の雲』のなかで朝鮮をどう叙述したかではなく、ほとんど叙述しなかったことにあるというのです。

司馬が『坂の上の雲』執筆を開始したのは昭和四十三年（一九六八）でした。この年は、世界的に政治や社会が揺れた年として記憶されています（そのことはのちほど紹介します）。中塚氏は、この年に自民党政府主導による「明治百年」祝賀運動があったことから、本書を始めています。「昭和の戦争」は誤りだったが、明治の国づくりは決してまちがいではなかったという歴史認識。明治と昭和前半との間には断絶があるとすることで、明治の歴史を美化しようとする意識のなかに、司馬の『坂の上の雲』も位置づけることができるというのです。そして、それは明治日本が韓国（朝鮮）に及ぼした迷惑、犯した罪悪を無視することによって、成り立っているというのです。

僕がとりわけ印象深かったのは、司馬が『韓《から》のくに紀行』（朝日新聞社、一九七二年）という旅行記のなかで、古代における韓国文化の日本への影響を大きくとりあげていながら、彼の関心が古代の交流にとどまり、紀行現場のすぐ近くにある東学《とうがく》農民戦争の史跡をまわっていない、と中塚氏が指摘していることでした。

東学農民戦争とは、かつては「東学党の乱」とも呼ばれていた民衆蜂起で、日清戦争の直前に朝鮮国内で起きた騒擾《そうじょう》でした。というか、この騒擾を鎮めるために宗主国だった清の軍隊が投入され、日本も対抗して出兵したことが、両国衝突の一つのきっかけになったのでした。つまり、日清戦争は、あくまで朝鮮の利権をめぐる争いだったのであり、そのことを軽視して日本の近代化過程としてとらえる司馬史観は、ゆがんでいるというのです。

『坂の上の雲』の見方

ことは日露戦争でも同じでした。というか、朝鮮の支配をより確実なものにするために、大国ロシアと衝突したのがこの戦争だったのです。司馬は『坂の上の雲』で、戦争の経過については詳細に記述していますが、この戦争が朝鮮侵略政策の一環だったことを軽視している、というのが中塚氏の論点です。司馬は、日露戦争はロシアの南下を防ぐ防衛戦争であったとするが、それは明治初期以来の朝鮮政策の流れから見れば、誤りであるというわけです。

日露戦争の詳しい経過はここでは述べません。それこそ、『坂の上の雲』でも読んでください（あるいはテレビで見てください）。司馬も描くように、旅順《りよじゆん》攻撃のための当初の無謀な作戦が、勝ったからいいではないかとばかりに、戦後なんら反省されることなく、乃木希典《のぎまれすけ》をも英雄にしていった結果が、昭和の悲劇につながっていきます。その点では、司馬はこの戦争を告発しているのです。ただし、彼の視点が明治維新を全面的に肯定する歴史観にもとづいている以上、その犠牲となった朝鮮は哀れみの視線で、すなわち上からの目線で描かれていきます。中塚氏の義憤は、ここに発しているのでしょう。

「韓」と「朝鮮」

日露戦争に勝利して日本がとった行動は、直接の敵であったロシアに対してどうこうすることではありませんでした。この戦争の最大の被害者は、韓国の人々だったといっていいでしょう。日本はアメリカの仲介で、ロシアと講和（ポーツマス条約）すると、すぐさま朝鮮を保護国化します。いや、正確にいえば、「大韓帝国」を、です。日清戦争により中国が宗主国ではなくなった「朝鮮王国」は、名称を「大韓帝国」と改めました。君主の称号を「王」から「皇帝」に格上げすることによって、大日本帝国や大清帝国と対等になったわけです。その際に「大朝鮮帝国」としなかったのは、（日本の意向も働いていたのかもしれませんが）「朝鮮」という王朝名が、十四世紀末に中国（明）から与えられたものだったからです。このとき、彼らは自称として「韓」を選び採ったのです。

話は先走りますが、日本が大韓帝国を併合すると、この地域はふたたび「朝鮮」と呼ばれるようになります。そして、日本から独立を回復すると、ふたたび「大韓民国」と名乗るようになります（「北」が「朝鮮民主主義人民共和国」を名乗っているのは、君も知っているとおりです。なお、漢字で書くと全く異なるこの二つの名称は、英語では「韓」も「朝鮮」もKoreaであり、また「民国」と「共和国」も同じくRepublicであるため、相違点は「民主主義」と「人民」のところだけとなります。ちなみに、「民主主義」「人民」「共和国」はすべて和製漢語です)。

日露戦争後に日本が韓国に置いた出先機関を統監府といいます。その初代の長官は、あの伊藤博文でした。初代内閣総理大臣であった大物政治家です。このことは、日本が韓国をいかに重視していたか(決して友好的な意味ではなく)を示しています。そして、彼は韓国人の憎悪を買い、安重根という人物によって中国のハルビンで暗殺されます。

しかし、この暗殺事件は日本の侵略を進めこそすれ、抜本的な反省材料になることはありませんでした。韓国は日本のもとに統合されてしまいます。「日韓併合《にっかんへいごう》」です。決して「併合」とは、大きく強いものが小さく弱いものを併せることを意味します。決して「対等合併」ではありません。

時に明治四十三年(一九一〇)のことでした。

20　歴史に向き合うということ

目をそむけるな

暗い話が続きますが、辛抱してください。こうした「耳にしたくない話」を避けて、日本の歴史（特に近代の歴史）を語ろうとする人たちがいます。彼らは、本書のように「大日本帝国」がアジア諸国に対してしてきた所行を述べることを、「自虐史観《じぎゃくしかん》」といって批判します。でも、それはそういう人たち自身の、自信の無さを示しているのではないでしょうか。彼らは「僕たち（の先祖）も決して悪人ではなかった」ことを示す証拠を集めて、精神的に安心したいだけなのです。下品な表現でなんですが、僕は彼らの歴史認識を「自慰史観《じいしかん》」と呼んでいます。

さて、大日本帝国が大韓帝国を併合すると、韓国の人たちの日本に対する不平不満はいっそう強くなりました。韓国の人たちは、自分たちのほうが日本より文化的な先進地であり、古代以来、文明（＝中国起源の東アジア文明）を日本人に教えてきたという自負がありました。朝鮮王朝五百年の文官支配は、サムライの流れを汲み軍人主体の日本の統治機構（朝鮮総督は当初は軍人から任命されました）を、単なる力による支配として拒絶する心性を生み出してもいました。日本が西洋文明を積極的に取り入れたことを、韓国の人たちはまだ心から賞賛はしていませんでした。

そうしたなか、第一次世界大戦が起こり、そして終結します（一九一四〜一九一八年）。途中から参戦したアメリカは、ウィルソン大統領が提唱する「民族自決」を大義名分に掲げました。戦後のパリ講和会議では、敗戦国たるドイツ・オーストリア・トルコといった諸帝国が解体され、多くの民族国家がヨーロッパに誕生しました。

この情報は、日本統治下の「朝鮮」にも届きました。たまたま、一九一九年（大正八）一月に、大韓帝国の皇帝だった李太王《りたいおう》が崩御しましたが、これは日本による毒殺であるという噂が流れました。李太王の死が、かつての閔妃《びんひ》暗殺事件（日清戦争のあと、意のままにならない王妃を、日本が王宮のなかで暗殺した事件）の記憶を蘇らせたのかもしれません。日本で学ぶ韓国人学生たちが独立宣言を発表したのに続いて、三月一日にはソウルでも独立宣言が出されました。以後、各地で反日運動が起こります。総督府は軍事的にこれを制圧しますが、数千名の死者が出ました。この一連の事件を、今では三・一独立運動と呼んでいます。

これに懲りた日本は、以後、文官からも総督を任命したり、農業開発に努めたりと、韓国の人心を掌握する政策を一部取り入れるようになりました。といって、その植民地統治の本質が変化したわけではありません。

満洲事変から十五年戦争へ

植民地「朝鮮」とは質的に異なるものの、この年、中国でも大規模な反日運動が起こります。こちらもその中心的日付にちなんで、五・四《ごし》運動と呼ばれています。敗戦国ドイツが山東省に持っていた権益を、パリ講和会議が日本に委譲することを認めたことに対する反対運動でした。中国（中華民国）も連合国側として参戦していたのですから、ドイツから権益を回収して当然だという、しごくもっともな論理です。ところが、中国が国家としての統一が成っていなかった弱みにつけこんだ日本政府（大隈内閣）は、戦争中に二十一カ条の要求を行い、そのなかで山東省の利権などを、戦後は日本が引き継ぐことを強要していたのです。そもそも、ヨーロッパの勢力争いであった大戦に日本も参加したのは、中国におけるドイツ権益の横取りが目的でした。日露戦争後の日本は、アジアの盟主として活躍しようというのではなく、列強の一員として、隙あらば国勢を拡張しようとしていたにすぎないのです。

その後、蔣介石《しょうかいせき》のもとに中国統一の機運が高まると、関東軍（遼東半島駐屯日本軍）は、これを妨害する動きに出ます。ロシアから継承した満洲の利権を守るために、当地を支配していた軍閥張作霖《ぐんばつちょうさくりん》を支援しますが、彼が必ずしも協力的でないと見ると、暗殺してしまいます。その後継者だった息子の張学良《ちょうがくりょう》が、蔣介石の政府に加わると、満洲の権益を守ろうとする関東軍は、鉄道爆破事件を起こして軍事的に当地を制圧してしまいます。これが満洲事変《まんしゅうじへん》と呼ばれるものです。爆破事件（柳条湖《りゅうじょうこ》事件）が起こった日付、九月十八日は、中国の人たちにとっては、日本の侵略戦争の開始日とされてきました。時に昭和六年（一九三一）、これを戦争開始とみなせば、昭和二十年（一九四五）まで、足掛け「十五年戦争」と呼ばれるのです。

満洲事変が現地派遣軍である関東軍の暴走なのか、中央の陸軍首脳部の意向を汲んだ国家的陰謀なのか、今でも議論の分かれるところですが、外国の眼にはいずれにしろ、日本が勝手に自分の国益のために仕掛けた侵略と映りました。国際連盟（第一次大戦のあと作られた平和維持のための国際的組織）の調査団は、中国の訴えを聞いて、満洲事変をそう断定します。これに対して日本は連盟を脱退し、あくまで満洲の権益を守る姿勢を鮮明にします。そして、ここに満洲国という名目上の独立国を作り、その皇帝として清のラストエンペラーだった愛親覚羅溥儀《あいしんかくらふぎ》を擁立します。「五族協和《ごぞくきょうわ》」（日・満・漢・蒙・朝の諸民族の融和共存）と「王道楽土《おうどうらくど》」をスローガンとするこの国家は、実体としては日本の傀儡《かいらい》でした。形式上は独立国でしたが、事実上は台湾や朝鮮同様に植民地だったのです。

植民地支配の本質

「自慰史観」の人たちは、日本のこの一連の行為を、部分的に認めたり否定したりしながら、「全体として悪いこともしたが良いこともした」と主張します。また、イギリスやフランスのインドやアフリカ統治と比べながら、日本の植民地統治は、現地の住民を裨益《ひえき》するところが多かったと弁解します。日本は欧米列強よりは人道的だったというわけで、頭から植民地支配を悪いことだと決めつけるのは「自虐史観」だというのです。

たしかに、日本の植民地統治には、現地住民の生活を向上させる政策も含まれていました。近代化にいち早く成功した技術力を用いて、農地改良を施し、鉄道を敷設し、工場を建設したのは事実です。近代的な学校制度も、日本内地に倣って導入されました。台湾や朝鮮の就学率が、同時代のインドに比べて高かったのは事実でしょう。これらの点で日本の統治がなんらかの貢献をしたことは、認めてよいのかもしれません。

しかし、考えてみてください。こうした政策はなんのためになされたのでしょうか。東京にある日本の中央政府が、植民地の人たちのことを心底考慮して、日本国民の税金を投入して実施したものでしょうか。日本は植民地を持つことによって、かえって損をしていたのでしょうか。

そんなことはありません。そもそも、もしそうだったら、植民地獲得政策など罷めるべきでしょう。植民地の開発は、日本本国にとって有益だからこそなされたのです。教育の普及も、近代的な産業の担い手、あるいは現地の中間管理職を養成するためであって、現地の人々のためを思ってのことではありません。植民地支配は慈善事業ではなかったのです。この点を意図的に見落として正当化するのは、盗人の屁理屈というものでしょう。

（韓国とは異なり）台湾には、日本が「武士道」を教育したことを賞賛する老人がいたりしますが、これは見当違いも甚だしいと言わねばなりません。日本が学校で武士道を教えたのは、日本本国（「内地」といいました）でそうするのと同様、帝国臣民として天皇に忠誠を尽くすことを刷り込むためでした。

明治以降、日本がアジアのなかでなした所行を知れば知るほど、恥ずかしくなってしまいます。そのことを実はよくわかっているからこそ、「自慰史観」の人たちは、「健全な青少年にわざわざそんなことを教えるな」と主張するのです。君たちには、日本の歴史の美しいところだけを見せておけばよいというのです。

でも、僕はこうした意見に大反対です。どんなに不健全なことでも、それが事実である以上、僕たちおとなは君たちに、包み隠さず知らせる義務があると思います。もし君たちが、それで（彼らが怖れるように）日本という国を嫌いになってしまうとしたら、それはそれでやむをえません。でも、いくら嫌いになったところで、君たちがこの日本という国に生まれてきた事実は変えようがないのです。この事実を直視し、自分たちが周囲の国々の人たちからどう思われているかをきちんと認識することから、日本人としての君たちの将来が始まるのです。

人間は生まれを変えることはできません。君が赤ん坊のときに蒙古斑を持っていたモンゴロイドと呼ばれる種類の人であるように。あるいは、君がどんなに厭でも僕の娘であるという事実を逃れられないように。それらのことは、君が甘受すべき宿命です。でも一方で、宿命の責任は君個人にはありません。

もし、君が日本人として生まれたことを仕方がないと認めるならば、今後どのようにアジアの人々とつきあっていけばよいかは、おのずとわかるでしょう。それは、「わたしたちは決して悪いことはしていません」と開き直ることではなく、また逆に、ただひたすら謝って恐縮することでもありません。過去のことは過去のこととして直視しながら、それを前提として未来を切り開いていってください。

いや、ひとごとではないですよね。僕自身もまたそうしていきたいと思っています。

21　漱石の憂鬱

醒めた眼をもつ人々

日露戦争の勝利は、日本の国際的地位を大きく変えました。それまでロシアは世界最強国の一つとみなされ、イギリスやフランスからも一目おかれていました。そのロシアに勝ったことで、日本もこれらの強国、いわゆる列強の仲間入りを認められます。列強といえば、西洋諸国と決まっていたのに、ここにアジア地域から初めて、列強と認定される国家が誕生したのでした。中国・インド・トルコといった、西洋列強に苦しめられていた国々のなかには、日本のこの勝利をわがことのように喜び、自分たちアジア諸国も日本と同じく、やがて自主独立の道を切り開いていくことができると考える人たちもいました。しかし、すでに述べたように、日本のその後の歴史は、彼らの期待を裏切ることになります。

ここでは、日本国内における日露戦争前後の認識を見ておきましょう。とりあげるのは夏目漱石です。そう、今年の夏休みの君の国語の宿題になった、あの小説家です。もう記憶が薄らいでいるかもしれないけれど、数年前までは千円札の肖像として使われていた人物です。

夏目漱石のデビュー作『吾輩は猫である』は、まさに日露戦争の最中に書かれました。この小説の途中で明治三十八年（一九〇五）の正月を迎え、主人公のオス猫（小説冒頭の有名な記述にあるように、名前はありません）の飼い主（苦沙弥《くしやみ》先生）宛に届く年賀状のなかに、旅順陥落を祝うものが混じっています。日本国中が戦況有利の情報に沸き立っているなかで、この小説は書き継がれました。小説全体に漂う明るい気分は、社会全体が浮かれていたことの反映なのかもしれません。あるいは、その浮かれた気分が、この小説のような諧謔《かいぎやく》趣味を歓迎し、漱石の名を一躍有名にすることになったのでしょう。逆に、不景気な時代には諧謔は歓迎されないようです。僕の本があまり売れない理由も、そこらへんにあるのでしょう。

しかし、漱石自身は、戦勝を必ずしも手放しで喜んではいませんでした。彼は

『猫』につづいて『坊っちゃん』を世に送り、これで小説家としての名声を確立させます。『坊っちゃん』の時代背景は彼自身の青年時代で、日清戦争以前です。そこでは官僚主義的な校長や教頭が批判的に、しかしまだおもしろおかしく描かれています。ところが、『三四郎』になると、時代の描き方が異なってきます。この小説で活躍する人たちは、やがて彼の後期の作品群で主要なテーマとなる「高等遊民」の先駆けです。がむしゃらに西洋流の近代国家建設に邁進《まいしん》していた時代が終わり、そうしてできあがった国家や社会を、醒《さ》めた眼で眺めている人たちが登場してくるのです。そして、皮肉なことに、彼らがそうした醒めた眼を持つことができるようになったのは、近代国家建設のために国家予算の多くを費やして作られた帝国大学で、学問を修めたことによってでした。いわゆる知識人の誕生といえましょう。

『三四郎』は、主人公が熊本から東京の大学（もちろん、「東京帝国大学」のことです）に入学するために乗った列車の場面から始まります。乗り合わせた人妻と一夜をすごしながら何もしない話です。翌日、今度は、彼がそのあとの東京生活で深く関わることになる「広田先生」なる人物に、その後そうなるとはつゆしらずに乗り合わせて会話します。

話は逸れますが、この出会いの件や、「美禰子《みねこ》さん」と大学の池（いまではこの小説にちなんで三四郎池と呼ばれている池）ではじめて出会う場面は、あまりにもうまくできすぎた話で、読者を合理的に納得させる筋立てにはなっていません。こうした「偶然の出会い」は、江戸時代の芝居（歌舞伎など）によくある筋立てであり、漱石にはその影響があるのでしょう。漱石は漢詩の創作も能《よ》くした伝統的文化人でした。彼を西洋風近代小説の開祖であるかのように扱うのは、文学史家たちの勝手な評価にすぎないという気が、僕には以前からしてなりません。これは、彼と並び称される森鷗外《もりおうがい》についても言えることです。

「高等遊民」の世界

さて、三四郎と広田先生の出会いです。三四郎は、日露戦争勝利で「一等国」になった日本の将来について尋ねます。そのときの広田先生の答えは、予言者としてきわめて正しいものでした。曰く、「亡びるね」。

漱石が『三四郎』を書いたのは明治四十一年（一九〇八）のこと、彼自身が死ぬのは大正五年（一九一六）です。漱石自身も、そして年齢的にいって「広田先生」も

（そのモデルは部分的に漱石自身なのですが）、昭和二十年（一九四五）の「無条件降伏」を経験することはありませんでした。広田先生が（あるいは作者漱石が）、どのくらいの実感をもって「亡びるね」と言ったかはわかりませんが、この予言は四十年後に見事に的中するのです。

漱石は日露戦争直後から、ぼんやりとではあれ、日本の将来に不安を感じていたのでしょう。そのことは、すでに漱石研究のなかで言及されてきたことです。登場人物に、小説冒頭部でひとこと「亡びるね」と言わしめた直観は、彼がなみなみならぬ感性の持ち主だったことを示しています。

彼の小説は後期になればなるほど、濃い陰影を帯びてきます。その場合のキーワードが「高等遊民」なのです。このことばは、彼の小説自体のなかで使われています。『彼岸過迄《ひがんすぎまで》』のなかでは、ある登場人物がそう自己規定します。彼の義兄にあたる人物が世事にたけているのと対照的な意味で、この人物は世間的には何もせずに暮らしている自分のことを、なかば自嘲的にこう称しているのです。それは『三四郎』以来、漱石の小説のなかでおもに活躍するようになる、結局は何もしない男たち全体に共通する人物像です。いま、「活躍」といいましたが、主人公たちが何も活躍しないところに、漱石の小説の特徴があるといってもいいでしょう。

これは日露戦争のあと、大国になった日本のなかに、父親たちの苦労の結果、その遺産だけで暮らしに不自由しない階層が生まれていたこと、そして、彼らが高等教育を受けながら、明治の前半とは違って、その学歴にふさわしい輝かしい社会的地位を得られるとは限らなくなったこと、さらに、彼らが高等学校や大学で身につけた西洋の学問・教養が、国家や社会を冷静に見る視線を身につけさせたことを、小説という虚構の世界で巧みに表現してみせたものでした。漱石の読者たちは、こうした高等遊民か、その予備軍だったのです（そもそも、明治の昔も今も、毎日あくせく働くお父さんたちには、小説なんぞを読んでいるゆとりはないのでしょう。僕が四十をすぎてあらためて漱石などを読み直していられるのも、大学という、夏休みがあるありがたい業界に勤めているからにちがいありません）。

彼ら高等遊民たちにとって、自分たちの将来の不安定な地位とあいまって、日本の将来は決してバラ色には見えなかったのでしょう。ペリー来航という国難以来、いえいえ、本書で指摘したように、その数十年前、寛政年間の教育熱からずっと、学問をすることは天下国家のお役に立つためでした。

転換期の十年を象徴する

漱石もまた、そうした要員として「文学」を研究するために、ロンドンに留学します。しかし、彼は他の多くの御用学者たち（あとで紹介する井上哲次郎《いのうえてつじろう》のような）とは異なり、西洋（彼の場合はイギリスですが）と日本との国情や文化に、決定的な違和感を抱いて帰ってきます。その結果、彼は、留学当時に期待されていたように「英文学」を大学で講ずる学者になる途ではなく、新聞社（朝日新聞）おかかえの小説家として生きていくことになりました。それは、江戸時代でいえば、幕府の学問吟味に合格したのに、市井《しせい》の戯作者《げさくしゃ》として生きていくようなものでした。いや、まさにそうだったのだと思います。

一世一元制のおかげで史上空前の長さとなった明治という年号は、その四十五年（一九一二）夏の天皇崩御で終了します。ただちに大正と改元されたその直後、明治天皇の葬儀の当日、あの乃木希典が自殺します。漱石はこの事件に深い衝撃を受けて、『こゝろ』を書きました。『こゝろ』の世界は、明るい『猫』や『坊っちゃん』の世界とは全く異なる色彩を帯びています。この小説は、かつて親友を裏切ったことを苦にして生きてきた「先生」が、乃木に触発されて自殺する決意を固め、小説の語り手である「私」に宛てた遺書の体裁をとっています。一般に文学研究でどう評されているのか知りませんが、僕はこの小説は、漱石自身が若い世代に向けて認《したた》めた遺書だと思っています。

日本全体としては、世界の一等国の仲間入りを果たし、右肩上がりの将来が楽観的に展望されていたときに、漱石は滅びの予感をもっていました。彼は持病の胃潰瘍《いかいよう》で、大正五年（一九一六）に世を去ります。すなわち、漱石が小説家として活躍したのは、だいたい日露戦争から第一次世界大戦までの、ごく短い時期なのです。しかし、この十年間は、日本人の精神構造を大きく変えてしまった十年間だと僕は思います。漱石の小説が（同時期に活躍した鷗外とともに）、近代小説の古典として読み継がれているのは、この転換期の気分（社会の大勢ではなく、ごく一部の勘にすぐれた人たちの）を象徴するからなのでしょう。

漱石の作品は、いまや「現代文」ではなくて「古文」ではないかという意見もあるようです。たしかに、君たち平成世代の人たちにとっては、その文章は古風に感じられるかもしれません。でも、食わず嫌いはよして、実際に作品を読んでみれば、意外と平明な表現を用いた文章であることに気づくと思います。少なくとも、鷗外の文章の難解さとは雲泥《うんでい》の差です（どっちが雲でどっちが泥かは、好みの分かれるところでしょうが）。「漱石派」の僕としては、お札の顔としては引退しても、彼の作品が、今後も末永く読み継がれていくことを願ってやみません。

22 「人格」の流行と「国民文化」の強調

「人格」の発明

夏目漱石は文学史のうえではふつう、自我の重要性を強調した小説家とされています。高等遊民たちは、高級官僚や御用学者になって政府の方針にしたがうだけの奴隷になることを拒み、自分の頭でものを考えて、国家の直接の役には立たないわが身をふがいないと自嘲しつつも、そうした生き方を選択していました。政府の命令でイギリスに留学しながら、その成果を東大の教壇で活かすことよりも、在野の小説家になる途を選んだ漱石自身が、その選択をしているのです（この点で、森鷗外がドイツ留学中に『舞姫《まいひめ》』の主人公のような体験をしながらも、陸軍の軍医として正統的な昇進コースを歩んだのとは対照的です。だから僕は漱石派なのです）。

漱石には「私の個人主義」という講演記録があります。僕の高校時代、国語の先生が教材に選んだために、いまの君と同じ年齢のときに読まされました。当時はさっぱり意味がわかりませんでした。だから、たぶん君がいま読んでも理解できないでしょう。でも、自分が当時の漱石と同じような年齢になって、あらためて読み返してみると、彼が言おうとしたことがよくわかるような気がします。ことばではうまく表現できませんが、一度きりの人生をどう使うかという問題を、彼は講じているのです。お国や会社のために滅私奉公《めっしほうこう》するのではなく、自尊心をもってわが途を歩むことの大切さ。イギリスが世界の強国である根源的な理由は、科学技術の優秀さや政治制度の合理性といった表層的な次元ではなく、その最も根源的なところに、正しい意味での個人主義が根付いていることだと、漱石は喝破しているのです。彼のイギリス留学は、この一点だけをもってしても成功でした。

パーソナリティーの訳語として「人格」なる用語が発明されたのは、明治も後半になってからのことでした。考案者は井上哲次郎だといわれています。井上は東大で哲学を学んだのち、ドイツ留学を命ぜられ、カントやヘーゲルの系統の学派（「観念論哲学」といいます）を、日本に移入する役割をになった人物です。というか、東大文学部の事実上の創設者と言っても過言ではありません。日本思想史でいえば、彼が江戸時代の儒教を、朱子学・陽明学・古学（山鹿素行・伊藤仁斎《いとうじんさい》・荻生徂徠という、もともとは異なる三つの学派の総称）の三つに区分したその流儀は、いまなお倫理の教科書で踏襲《とうしゅう》されているところです。

人格という語は、大正時代には流行語になります。そして、漱石のいう高等遊民たちが自我意識にもとづいて行動するようになる（＝幕末の志士たちとは異なり、天下国家のためにという積極的行動をしなくなる）のは、人格を重視するようになったからでした。歴史上の人物でも、忠君愛国の権化《ごんげ》とされた楠木正成《くすのきまさしげ》や赤穂浪士ではなく、政治権力にあえて逆らった宗教者がもてはやされるようになります。こうした宗教者は鎌倉時代に集中していました（その理由は別途考察すべき事柄ですが、いまは略します。前作の鎌倉仏教のところを参照してください）。特に、親鸞《しんらん》・道元《どうげん》・日蓮《にちれん》の三人が、それぞれが開いた宗派の運動もあって偶像化されていきます。

和辻哲郎の道元理解

ここでは道元について取り上げましょう。道元は上流貴族の出身ですが、禅宗に入信し、師匠とともに中国（宋）に渡ります。そうして、それまで日本で知られていた禅宗（臨済《りんざい》宗）とは異なる流派（曹洞《そうとう》宗）を、日本に持ち帰りました。曹洞宗は江戸時代初期に、危険思想とみなされた一向《いっこう》宗（親鸞を開祖とする浄土真宗のことです）に代わって、幕府や大名から保護され、寺院の数を飛躍的に増加させました。その点では、決して反権力に固執する宗派ではありません。ところが、大正時代になって、道元を政治権力から距離を置いた宗教者、そしてその意味で、きわめてすぐれた宗教者として賞賛する風気が生じます。

そうした風気の確立に貢献したのが、和辻哲郎《わつじてつろう》という人です。彼は東大で倫理学を修めた学者で、京都帝大、そして東京帝大で教えました。その初期の論文に「沙門《しゃもん》道元」（一九二〇〜一九二三年）があります。のちに『日本精神史研究』（一九二六年）に収録されて、広く読まれるようになりました。そのなかには人格という語が頻出します。

ここに人格から人格への直接の薫育がある。道元自身の修行が主として人格の力に導かれたものであったごとく、彼の説く修行法もまたこの人格の力に依頼する。

仏祖の行履の最奥の意味は、固定せる概念によって伝えられずに、生きた人格の力として伝えられている。人は知識として受け得ないものを、直接に人格をもって承当して来たのである。だから修行者は師の人格に具現せられた伝統を直接に学び取らなくてはならぬ。（岩波文庫版、二七九頁）

二百字に満たない一節のなかで、人格という語が七回も使われています。もちろんこれは、僕がわざと一番頻出する箇所を引用したからですが、和辻が道元の独創性を高く評価するにあたって、「人格」をキーワードにしたことは理解してもらえるでしょう。「固定せる概念」や「知識」ではなく、「人格の力」を尊重すること。それが道元の思想の奥義《おうぎ》だと和辻は解釈し、そして自身その重要性を指摘したのでした。

この道元理解については、近年疑問視されるようになっています。和辻の道元理解は、大正時代の時代的性格を帯びた偏《かたよ》ったものです。しかし、その偏りが偏りだとわかることによって、ぼくらは大正時代なる時代の特性を知ることができるのです。十三世紀の生身の道元とは別に、大正時代は「人格」をキーワードとする、新たな道元像を構築したのでした。

和辻と津田の論争の土俵

和辻といえば、『古寺巡礼《こじじゅんれい》』も有名です。この本が出版されるや、奈良や飛鳥の地は、この本を携えた若者たちで溢れかえったといいます。ぼくらが小学校以来刷り込まれている飛鳥文化のすばらしさなるものは、和辻がこの本で強調した内容を踏襲しているのです。

学術的には、飛鳥文化の発見は、明治時代の東大のお雇い外国人フェノロサに始まります。彼は学生の岡倉天心《おかくらてんしん》（日本美術史上の重要人物です）をともなって、法隆寺を訪れ、秘仏として二百年近く寺僧も実見していなかった夢殿観音《ゆめどのかんのん》（救世《ぐぜ》観音）を調査します。そして、その崇高さに感嘆し、西暦七世紀初頭において、聖徳太子のもとにすぐれた仏教美術が日本で花開いていたことを宣伝しました。それは、平安時代から江戸時代にかけての日本人の伝統的感性とはまったく別個に、ひとりの近代西洋人の視点が発見した新しい評価でした。でもそれが、和辻ら次の世代の日本人によって継承されて定着し、そうしていまに至っているというわけです。「飛鳥仏は古代ギリシャの彫刻に近い（からすばらしい）」という、変な価値判断にもとづいて。

鷗外や漱石のように明治時代に活躍した文化人たちは、まだ江戸時代末期の感性を具えていました。彼らは漢学（儒学）の素養を具え、そうした観点から、西洋の文化を受容・咀嚼《そしやく》していました。ところが、和辻は明治時代後半の大学で学び、そこで教えられている西洋的な学問を、自分の基礎的な教養としていました。和辻が飛鳥仏に感嘆するのは、フェノロサの受け売りにすぎません。鷗外や漱石なら、もっと別の、醒めた皮肉な視線を浴びせることができたでしょう。

前に言及した津田左右吉は、和辻と同世代の学者です。このふたりは飛鳥文化の評価をめぐって対立します。和辻の『日本精神史研究』のなかに収められた、「白鳳天平《はくほうてんぴょう》の彫刻と『万葉』の短歌」を参照してください。ふたりの相違は、「日本人」もしくは「国民」なる概念の中身でした。津田が、飛鳥文化を中国直輸入のものとして低めに評価するのに対して、和辻は、それこそが当時の日本文化なのだと弁護します。

しかし、このふたりはともに「国民文化」なるものを絶対的に善なるもの、望ましいものとしている点で、同じ土俵に乗っています。大陸文化の受け売りではなぜいけないのか。そのこと自体は問われていません。

津田は（和辻が批判する）『文学に現はれたる我が国民思想の研究』において、大陸文化とは異なる国民文化を積極的に評価しました。和辻は「沙門道元」の結びで、道元の思想が中国の流行思想の直輸入ではないことを力説しました。江戸時代後半に兆《きざ》した「日本は唐土と違う」という意識は、西洋文明を骨の髄まで修得した大正世代によって、形を変えてふたたび力強く宣言されたのでした。

23　大正デモクラシーと「常民」の発見

天皇機関説と政党内閣論

一九一二年七月、明治天皇は崩御しました。皇太子が践祚《せんそ》して年号が「大正」と変わり、あしかけ四十五年に及んだ「明治」が終わります。この年、東大法学部の憲法学担当教授だった美濃部達吉《みのべたつきち》が、『憲法講話』を発表しました。大日本帝国憲法についての解説書としては、憲法の制作者である伊藤博文に、『憲法義解《ぎげ》』という本がすでにありました。美濃部のこの本は、伊藤とはやや異なる視点から憲法の条文を解釈しています。その主張のなかでも有名なのが、（教科書にも載っている）天皇機関説と政党内閣論でした。

天皇機関説とは、天皇は日本という国家の一つの機関なのであって、恣意的に支配や統治をする存在ではないとする説です。という説明ではわかりにくいですよね。実際、彼の説は反対者たちから誤解され、やがて政治的な弾圧を加えられるにいたります。ぼくも正直言って、きちんと理解できている自信はありません（法学部ではなくて文学部の出身ですし）。ごまかすようですが、ここでは、彼の所説が、大正時代から昭和初期にかけては政府公認の学説として機能し、政党政治を支える役割を果たしたこと、そして、彼の所説が批判されるようになって、日本の軍国主義化が進むことだけを指摘しておきましょう。

もう一つの政党内閣論とは、天皇機関説にもとづいて、実際の政治を行う内閣は議会の多数党によって構成され、彼らの政策を実施することを旨とするというものです。憲法の規定では、総理大臣は天皇が自由に任命できる（任命される側からは、俗に「大命降下」と言っていました）ことになっていましたが、実際には衆議院の議席を勘案して人選すべきだとするものです。現在の憲法が規定している議院内閣制（衆議院が内閣総理大臣を選出・指名し、天皇は単に形式的に任命するだけ）に近い考え方であり、大正時代の政党政治を可能にしました。

折から、その年の末に陸軍の抵抗で西園寺《さいおんじ》公望《きんもち》の内閣がつぶれ、長州閥の桂太郎《かつらたろう》に再び大命が降ると、衆議院議員の犬養毅《いぬかいつよし》らが憲政擁護《けんせいようご》運動を起こし、桂内閣の打倒に成功します。東大教授の吉野作造《よしのさくぞう》は民本《みんぽん》主義を主張します。この説は、美濃部学説と同様に、大日本帝国憲法の枠内でも、事実上の民主主義が実践可能であることを示したといえましょう。

大正五年（一九一六）に、長州閥の軍人寺内正毅《てらうちまさたけ》が元老《げんろう》（薩長両藩出身者を中心とする明治維新の功労者たち）の意を受けて組閣し、政党を無視した政策を遂行します。しかし七年（一九一八）に、ロシア革命に内政干渉するためのシベリア出兵が行われると、投機相場によって米価が高騰、民衆の不満が爆発して米騒動《こめそうどう》が起こり、寺内は辞職します。元老たちは事態を収拾させるべく、議会多数党であった立憲政友会総裁の原敬《はらたかし》に大命が降るようにし、本格的な政党内閣が誕生しました。

このように、藩閥・軍部に対抗して議会の力が増し、大正デモクラシーと呼ばれる時期を迎えました。第一次世界大戦がもたらした好景気もあり、工業の発達や都市化の進行で労働者・給与生活者が増え、彼らを対象とする大衆文化が栄えました。

「椰子の実」という唱歌を知っていますよね？「名も知らぬ遠き島より流れくる椰子《やし》の実ひとつ」という、あの歌です。この歌詞は、柳田國男《やなぎたくにお》という人が、愛知県の海岸で南方産と思われるヤシの実を見つけたことを、友人の島崎藤村《しまざきとうそん》に話した内容であると言われています。柳田は有能な官僚でしたが、やがて一般民衆（柳田は「常民《じょうみん》」と呼びました）の生活や文化の研究を志して、民俗学という学問分野を開拓します。

それまでの歴史研究は（あるいは今もなお一部では）、政治家や芸術家を対象としてなされてきました。しかし柳田は、とりたてて名を遺すこともなかったごくごく普通の民衆が、どのように暮らしてきたか、また、どのようなものの感じ方・考え方をもってきたかの解明に、意図的に取り組んだのです。そのために、書物として整理された資料ではなく、口承の民話を聞き取り整理して、文字の世界とは別の文化の姿を発見することを試みました。明治時代のようにがむしゃらに富国強兵をめざす時代とは異なる、大正時代の雰囲気が思いつかせた研究手法と言えましょう。そうすることで、柳田は、古来変わらず伝わってきた信仰や慣習を紹介し、近代化によって失われつつある日本人本来のすがたを提示したのでした。

柳田が樹立した民俗学については、現在、その非歴史性や日本一国主義の性格が批判されています。すなわち、彼のいう古来とは、所詮は江戸時代後半以降のことにすぎないこと、アジアの諸地域との比較考察なしに、安易に日本の独自性と一体性を強調していることなどです。ぼくもこうした批判にまったく賛成です。ただ、柳田がこの時期に「常民」に注目し、そこから「日本」というものを再考してみようとした姿勢そのものは、いまでも尊重すべきだと思います。

なぜなら、柳田の民俗学でもすでにそう描かれているように、「常民」たちは、必ずしも合理的・科学的な判断には従わない存在だからです。ぼくは、近代日本の歩み、特に昭和の戦争にいたる過程を批判的に回顧した本を読むたびに、ある物足りなさを感じてきました。それは、その著者たちがおそらく次のような前提に立って、記述を展開しているからです。「明治の文明開化で、日本人は西洋の合理的思考と科学思想を学んだ。学校教育を通じて、それらは大正時代には広く庶民層にも浸透していた。それなのに、なぜ、軍部主導で政府が吹き込んだ皇国史観・神国思想を信じて、愚かな戦争に協力してしまったのだろう」と。僕の考えでは、これはそう判断する人たち自身が、「常民」の何たるかがわかっていないことを示しています。

合理を超える「常民」の世界

柳田が記録にとどめたように、大正時代にあっても農村では、昔話としてではあれ、学校で教わる合理的・科学的世界とは異なる世界が語り継がれていました。デモクラシーの波が全国に広がろうと、ご先祖さまや妖怪や狐狸《こり》や河童《かっぱ》が、自分たちが暮らす村のすぐそばにいる、という感覚が生きていました。単に農村だけではありません。（柳田からは離れますが）都市伝説と呼ばれるもの、占いや呪いは、大正文化をになう都市住民にとって、生活の一部でした。

日本史の教科書では、不思議と近代の部分になって記述が消えてしまうのですが、宗教信仰への情熱は決して衰えてはいませんでしたし、それが人々を動かす力になる場合がありました。特に明治以降に誕生したものを新興宗教と呼びますが、今でもそれらの教団は多くの信者を擁し、その一部は特定政党の支持母体になったりして、社会的に力を持っています。美濃部達吉とか吉野作造とかいった東大の先生が、どんな高尚な法学説・政治学説を発明しようと、日常生活のなかで「常民」たちの心を動かしていたのは、西洋伝来の近代思想ではありませんでした。近代以前の歴史を描くときには、宗教（仏教・神道やキリシタン、そして江戸時代後半から普及した儒教もふくめて）とその影響力を大きく描くのに、どうして近代以降については、宗教の力を過小評価するのでしょう。僕が、近代史の専門家でもないのに本書を著したひとつの理由は、ここにあります。

近代日本における常民たちの思想と行動を、きちんと理解することなくして、なぜ日本がああした歩みをしたかは、解き明かせないでしょう。そして、ここで僕が、繰り返し柳田の用語である「常民」を使うのは、これを「人民」とか「大衆」と表現すると、別の意味になってしまうからです。これまでも、人民の歴史や大衆運動を記述した書物はたくさんありました。しかし、それらもまた、合理主義と科学精神の立場から「人民」「大衆」の行動を語るものにすぎません。「権力者によって不当に虐げられているが、正しい指導者を得て立ち上がることによって、自分たち自身を解放できる存在」――人民とか大衆とかいう語には、そういうニュアンスが含まれています。僕はこうした見解には納得できません。ふつうの人たちというのは、そんなに立派なものではないでしょう。

僕は昭和の戦争にいたった責任は、ふつうの人たちにこそあると考えています。

24「吉野朝」と国家神道

南朝正統論

十四世紀に天皇家が二つに分裂したことは知っていますよね？　前作で述べたとおり、その両方がそれぞれに、自分の方こそがほんものの天皇であると称して、別々の朝廷を構えました。南北朝時代と呼ばれるものです。

ただ、実際には圧倒的に北朝（京都の朝廷）が優勢で、南朝は奈良県の吉野の山奥で、形ばかりの姿で存在しているだけでした。南北朝時代は六十年間続きました。最後は南朝の天皇のメンツを立てるため、彼が持っていた三種の神器《じんぎ》を北朝の天皇に渡す儀式をおこなって、分裂は終息します。

前作で強調したように、江戸時代になってから、新しい歴史認識が力を持つようになります。「南朝の天皇こそがほんもので、北朝はにせものだ」というものです。明治維新を起こした中核メンバーは、いずれもこの歴史認識を信じる人たちでしたし、芝居や文芸作品を通じて「常民」たちにもこの認識が広がっていました。明治天皇は北朝の子孫なのですが、この歴史認識では、三種の神器を受け取った時点で北朝の天皇が正しい天皇になったとみなすので、特に問題は生じないと考えられたのです。

問題は、歴史の授業をどう教えるかというところから生じました。それも、明治の初期ではなく、末になってからのことです。すでに本書で紹介したように、東京大学のような大学アカデミズムでは、実証的な歴史研究が進んでいました。そこでは南北朝が併存していたことを事実として認め、「一方だけが正しくて、他方はにせもの」という史観は採っていませんでした。「南北朝時代」という名称がそれを示していますす。そして、彼ら専門の歴史学者が書いた小学校の国定教科書にも、そうした記述がなされていました。

国定教科書偏向問題

国定教科書によって、全国津々浦々の小学生に同じ内容の授業を受けさせる制度は、明治三十七年（一九〇四）になって実現しました。それまでは民間の出版社が教科書を出していたのですが、問題が生じたためです。日本歴史を執筆したのは、喜田貞吉《きたさだきち》という学者です。民間教科書がいずれも南朝正統論だったのに対して、彼は南北朝併立説に立った記述をおこないました。「人民大衆」は、天皇が憲法に書かれているような万世一系ではなかったこと、教育勅語とはうらはらに、二人の天皇のそれぞれに忠義を尽くした臣下たちがいたことを知り、天皇家の本当の歴史に触れることができて、大変喜びました（というこの一文は、僕の皮肉です）。

いえいえ、彼らは喜ばなかったのです。まず、ある小学校の教師が、この記述を批判します。畏れ多くも国体の尊厳を損なう妄説だというのです。ついで新聞が特集記事を組みます。そして、これに帝国議会の野党が飛びつきます。政府を批判するための恰好の材料だとみなしたからです。このとき、必ずしも政府側が民主的で野党が反動的だったのではないことを、指摘しておきます。前の章で紹介した犬養毅が野党側の中心人物でした。つまり、長州閥の桂内閣に対して野党は民意を代表して、この教科書偏向問題を指弾《しだん》したのです。

「常民」たちにとって、南北朝併立というのはわかりにくい考え方でした。もしかすると、天皇機関説と同じくらい難解に思われたかもしれません。「天皇陛下がおふたり同時に、吉野と京都にいらっしゃる時期があった」——書物や芝居を通じて、それまでの歴史教科書や神社の祭祀の場を通じて、南朝正統論を刷り込まれてきた「常民」たちは、子供たちが学校でこんな偏向教育を受けていることにびっくりしたのです。「京都のほうにおられたのは、本当の天皇ではなかったはずなのに」と。

結局、政府は教科書を改訂しました。喜田は責任を負わされて文部省を去りました。桂内閣と枢密院の意見を容れて、明治天皇は正式に南朝を正統としました。以後、「南北朝時代」ではなく、「吉野朝時代《よしのちょう》」という呼称が使われます。そのほうが、歴史がわかりやすくなると思われたからです。

でも、なぜ正しい「吉野朝」が、にせものの天皇とその政府（室町幕府）に膝を屈することになってしまったのかは、教えられることがありませんでした。常民たちも、あえて教わろうとは思いませんでした。合理的・科学的に思考しようという意欲を、彼らはなぜ持たなかったのでしょうか。

僕は、これは一種の宗教問題だと思っています。歴史的事実・客観的真相は「南北朝併立」だったにもかかわらず、そして、最初は政府の国定教科書が、そのことを小学生たちに知ってもらおうとしたにもかかわらず、人々はあえてそのことに蓋《ふた》をしたのです。

国家神道の創造

ここで少しさかのぼって、その背景を考えてみましょう。明治維新のあと、天皇への信仰を、政府と常民が協力して作り上げてきた経緯について、二つの視角から見てみたいと思います。

一つは、天皇を祀った神宮、すなわち橿原《かしはら》神宮・近江《おうみ》神宮・平安神宮・吉野神宮です。それぞれ、神武《じんむ》天皇・天智《てんち》天皇・桓武《かんむ》天皇・後醍醐《ごだいご》天皇を祭神としています。これらはいずれも、明治維新より後に創建された新しい神社です。奈良県の橿原で即位した初代天皇（とされる）神武天皇と、大化改新の推進者である天智天皇と、平安遷都を実施した桓武天皇と、そして建武の中興をなしとげた後醍醐天皇という、四人の功績を特に讃える目的で、彼らが都を置いた場所に設けられたのでした。伊勢神宮などとあわせて、一般の神社と格別に、これらについては「神宮」という呼称が用いられました。大正時代には東京に明治神宮が新設されて、近代日本を築いた彼の功績を讃えることにしました。

これら明治政府の国策で新たに設けられた神道施設などのことを、戦後は「国家神道」と呼んでいます。この呼称は、これらが民衆の古来の信仰とは別に、権力側の意向で人為的に設けられたものである、という意味合いを含んでいます。そして、それはそれで正確な分析であると僕は思います。

ただ、しかし、では一般庶民すなわち常民たちが、そこには主体的に関わっていないのかというと、そうではないのです。僕自身が実証的に研究したわけではないという断りを入れたうえで言えば、橿原神宮や近江神宮や平安神宮や吉野神宮の創建にあたって、地元の人たちをはじめとする民間人が多数、積極的に協力しているのです。彼らは、彼ら自身がそう信じている「日本の歴史」にもとづいて、その創建を歓迎したのでしょう。神武天皇や天智天皇や桓武天皇や後醍醐天皇の神格化は、決して一方的な押しつけではなく、政府と一般庶民との共犯関係によって実現したのです。

もう一つの事例は、古代の皇族の英雄化です。日本武尊《やまとたけるのみこと》・神功皇后・聖徳太子の三人がその代表でしょう。日本武尊は国土平定に功績があった武将として、神功皇后は（前にも触れた）三韓征伐の功績で、そして聖徳太子は憲法制定など文治面での功労者としてです。厩戸王こと聖徳太子を含めて、彼らについての業績伝承が歴史的事実でないことは言うまでもありません。しかし明治時代の人々は、江戸時代以来そう伝えられてきた伝承と学校教育とを通じて、彼らが日本国創設の功労者であることを信じていたのです。ヨーロッパの諸王国とは異なり、明治政府は天皇の肖像を紙幣に用いることを忌避したので、彼らがその代理として「お札の顔」になりました。

神功皇后は韓国への侵略者です。でも、明治時代の人たちは、そんなふうに考えてはみませんでした。国威を海外に発揚した先駆者として、ゆかりの神社がある九州などで、あらためて信仰対象として評価されるようになったのです。

日本武尊は日本国内の統合を進めた人物ですが、南九州や関東地方の立場からいえば、これまた侵略者にすぎません。でも、その被侵略地域において篤く信仰されるという倒錯現象を起こしています。「わたしたちの地方を天皇陛下の領土にしてくださった功績者」だからでしょう。それは、決して中央政府が暴力的に上から押しつけた信仰ではありません。何度も言うように、江戸時代以来、「日本は古来ずっと一つであった」という考え方、信仰と呼んでもよいようなものによって、その土地で祀る神になっていたのです。それが明治時代には、歴史的な英雄としてもてはやされるようになります。

聖徳太子信仰については、前作ですでに詳しく述べました。ここでは一点だけ、明治維新以前は、仏教の守護者として庶民的人気があったのに対して、明治になると、遣隋使派遣と憲法十七条・冠位十二階に注目し、中国と張り合って日本の国威発揚につとめ、国制の基礎を固めた人物としての面が強調されたことを述べておきます。

国家神道は、天皇や皇族を神々として再編成することで、「帝国臣民」の忠誠心を確実なものにしようとしていました。でも、それを政府側の一方的な押しつけだとみなしているかぎり、事態の半面しかつかめないのではないかと僕は思います。「常民」の側に、進んでそれを受け入れようとしていた精神構造があったこと、そしてそれを、日本古来の信仰と非歴史的に解釈するのではなく、江戸時代後半になってから培われ、歴史的に形成されてきたものとして、きちんと分析することが必要です。そうすることではじめて、昭和の戦争にいたる過程や、まもなく僕たちが直面することになるだろう問題の根っこが、見えてくると思います。

25 大正から昭和へ

好況から不況へ

第一次世界大戦は、敗戦国はもちろん、ヨーロッパの戦勝国にも大きな傷跡を残しました。とりわけ、ロシアはドイツに対して軍事的に劣勢だったこともあって、戦争中から国内に大きな動揺がありました。その結果、一九一七年には二段階の民衆蜂起を経て、世界最初の社会主義国家ソビエト連邦（略称ソ連）が誕生します。

ソ連の登場は日本にも影響しました。政府は他の列強諸国とともに、革命政府をつぶすための内政干渉行為として、反革命勢力を支援してシベリアに出兵する政策をとります。ソ連政府はその後方攪乱を狙って、日本国内の共産主義勢力を積極的にもりたてました。というよりも、日本に共産主義者が増えるように工作しました。大正十一年（一九二二）、日本共産党が非合法に組織されます。

工業化の進展にともなう労働問題の発生により、大正時代になると、日本にも社会主義思想が浸透してきました。かつて岩倉使節団が見聞したころのイギリスやフランスのような状況が、ようやく生じてきたということでしょうか。大正九年（一九二〇）五月一日には第一回とされるメーデーが行われます。いまでは単に、ゴールデンウィーク期間中の風物詩のようになってしまっているメーデーですが、現在の中国では国家の祝日であることが示すように、本来は労働者の権利主張を行う日なのです。

第一次世界大戦中は好景気にわいたものの、戦後は一転して不況の時代に突入します。政党は金銭的に腐敗し、大正十年（一九二一）、原敬総理はこれに怒った青年に刺殺されてしまいます。大正天皇は病弱であったため、息子の皇太子（昭和天皇）が摂政として政務を見ることになりました。ところが、その摂政宮も十二年（一九二三）に、皇居近くの虎ノ門でテロリストの襲撃を受けます。

関東大震災が起きたのも、同じ大正十二年（一九二三）でした。九月一日、帝都東京は壊滅します。建物の崩壊と火災によって、十万人以上の死者が出ました。誰が最初に言ったのか、朝鮮人が井戸に毒を入れたらしいという噂が流れ、民衆の手によって、多くの朝鮮人や中国人が殺されました。パニックに陥ったとき、ごくごくふつうの人たちも狂気に走るという事例は、歴史の本を見れば古今東西少なくありません。しかし、このとき「朝鮮人」が標的になったことは、日本人の心のなかに住み着いている、彼らへのイメージを象徴するものとして、君にはこの事件を決して忘れないでいてほしいと思います。イジメ行為は自分の身近にいる弱い者、しかも自分と実はよく似た者に向かって、そのはけ口を求めるのです。この朝鮮人虐殺の行為主体が、軍部とか財閥ではなく、「常民」だったことが重要なのです。本書では述べる機会を持てませんが、いわゆる被差別部落の問題の根も、同じところにあると僕は思います。

日露戦争までの順調な歩みとはちがう時代が始まっていました。大正十三年（一九二四）には憲政擁護運動がふたたび盛り上がり、加藤高明《かとうたかあき》を総理大臣として、護憲三派内閣と呼ばれる政権が組織されます。官僚たちに対抗して、議員たちが「護憲」を旗印にしたことに注意してください。その理論的支柱は美濃部達吉や吉野作造の学説でしたが、彼らは大日本帝国憲法を遵守《じゅんしゅ》することによって、議会政治を運営しようとしていたのです。もちろん在野の社会主義勢力は、こうした動きには与《くみ》しませんでした。

恐慌に始まった昭和

この加藤内閣のもとで、大正十四年（一九二五）に普通選挙法と治安維持法《ちあんいじほう》が成立したことは知っていますよね？　普通選挙といっても、今とちがって女性に参政権はありませんでしたし、治安維持法も、当初は共産主義者の革命運動を取り締まるためのものにすぎませんでした。そして、その翌年の末に大正天皇が崩御し、「昭和」が始まります。

昭和はその当初から重苦しい雰囲気を持っていました。二年（一九二七）には金融恐慌、五年（一九三〇）には、前年に発生した世界恐慌が日本経済を襲います。翌六年（一九三一）には、北日本が大凶作で農業恐慌と呼ばれ、深刻な社会問題となりました。これらに対して、いずれの政党も臨機応変に的確な政策を打ち出すことができず、民心を失っていきます。代わりに人々が期待したのが、軍部でした。

もともと明治維新は、軍人による革命という性格を持っています。すなわち、イギリスやフランスの市民革命とは違って、「市民」と呼ばれる階級・階層ではなく、諸藩の少壮武士たちの活躍によって成就したものだからです。そのため、「尚武《しょうぶ》」は明治国家の国是でした。近代国家としての姿を整えるべく、あるいは不平士族たちの反乱を取り締まるべく、農民や町人をも兵隊として徴用する徴兵制度を採用したことで、武士の軍事力独占は否定されましたが、前に述べた「武士道」なる観念を創出して、農民・町人出身の兵士たちにも「サムライらしく振る舞うこと」を要求しました。これを明文化したものが「軍人勅諭《ぐんじんちょくゆ》」です。

憲法でも軍隊の地位は格別でした。薩長出身者がその中核を占めたためでもありますし、議会の多数党が反藩閥の政策を採ることを予防する、防波堤であったとも言われています。陸軍大臣・海軍大臣の人事は、総理大臣の意向だけではだめで、それぞれの省の同意を得ねばならず、この二つの省のいずれかが人選に抵抗すると、内閣自体が瓦解《がかい》するという実情でした。軍隊は国民軍ではなく、天皇の軍隊（皇軍）であるため、議会の掣肘《せいちゅう》を受けないことが認められていました。

天皇の軍隊として、戊辰戦争以来の歴史が彼らの歴史であり、そのため前述のように靖国神社に祀られるか否かは、天皇の旗のもとで戦ったかどうかが基準になりました。植民地の台湾や朝鮮からでも徴兵で皇軍兵士になれば、（形式上は）元来の日本人と区別されることなく扱われ、戦死者は靖国神社に祀られました（その点でも、靖国神社は現時点での意味で「日本国民の神社」ではありません)。皇軍は戊辰戦争以来不敗であり、大日本帝国の繁栄をもたらした原動力として、その特権的な地位をますます高めていました。

軍人は愚かだったか

軍隊を厚遇するということは、そこに奉職する人たちの待遇もよいということです。しかも、薩長藩閥への偏向はあるにしても、人事は比較的公正でした。他の省庁や一般企業に比べれば、相対的にはるかに公正だったといえるかもしれません。そのため、戊辰戦争の「朝敵《ちょうてき》」だった地域からも、優秀な若者が士官学校を目指しました。帝国大学を卒業するのと並んで、あるいはそれ以上に、士官となり将校となるコースは、エリートとして憧れの的になりましたし、上流階級の娘の嫁ぎ先としても、軍人は評価が高い職業でした。

金と名誉と淑女に釣られるところが、古今東西、男の情けないところ、大日本帝国の有能な青少年の多くが軍部に集まります。したがって、軍部は優秀な人材を得て、ますます発展しました。政党や財閥が腐敗するなか、私利私欲を離れ、憂国の情を持って国難に当たろうという気概と、それを可能にする実力を具えた人材は、軍部に集中していたのです。軍部のほかには、「革新官僚」と呼ばれる少壮の人士が、内務省などにいました。彼らもまた、社会的に高く評価され、相対的に高い給与を得ていた人たちです。

軍部は、司馬遼太郎が批判するような愚か者の集団ではなかったと、僕は思います。むしろ、賢すぎたのでしょう。彼らは幕末の志士たちとは異なって、身分制のなかでハングリー精神を培われてはいませんでした。単なる優等生だったのです。そして、優等生特有の始末の悪さとして、世の中の酸《す》いも甘いも嚙み分けて、ということができませんでした。逆に、そうすることで国を動かしていた政界や財界のリーダーたちを、不潔だと軽蔑していました。彼らは「武士道精神」をみっちり教育されたため、民衆の苦しみを見て見ぬふりができませんでした。彼らは、自分たちの先輩が日清戦争や日露戦争で成功したのをまねて、良かれと思って海外侵略に向かって突っ走っていきました。

『論語』に、賢い人物を評した「一を聞いて十を知る」という格言があります。僕が学んだ高校では、ある先生がこれをもじった、「一を聞いて十を知り、百を忘れる」

ということばが伝わっていました。大日本帝国の軍部とは、まさに「一を聞いて十を知り、百を忘れる」存在だったのではないでしょうか。

26　軍部の台頭を考える

戦争の区別はできない

長州藩による京都攻撃作戦だった禁門の変（一八六四年）から日露開戦（一九〇四年）まで、ちょうど四十年でした。そして、ポーツマス条約によるその講和（一九〇五年）から、ポツダム宣言受諾による第二次世界大戦の終結（一九四五年）までも、ちょうど四十年です。司馬遼太郎によれば、この前半期間は日本の青年時代でよい時代、後半期間は、軍部が暴走して国家を破綻させた悪い時代だとされます。司馬ほどではないにしても、この前半期の日本の対外行動については、さほど悪意を認めないという歴史認識は、かなり広範に根強く浸透しているように思います。

しかし、僕はこの八十年間は一貫して捉えるべきだと思っています。ある時期までは日本の統一と自衛のための戦争行為で、ある時期からは侵略戦争であると、切り離して考えることは、現在の視点からの政治的評価にすぎません。「日本」というくくりを所与のものとし、そこのなかの統一は正しい行為だが、そこからはみ出す行為は侵略だとするのは、そもそもの前提からして日本を固定化して考えている点で、歴史的には誤りだと思うからです。

時代は四百年さかのぼりますが、豊臣秀吉のことを考えてみましょう。彼は織田信長の天下統一政策を継承し、天正十八年（一五九〇）に小田原北条氏《ほうじょうし》を滅ぼして、天下を統一しました。そして、ふつうここまでは、日本を一つにまとめる正しい行為だったとみなされています。ところが、小田原陥落の直後から、彼は「唐《から》入り」を計画し始めます。中国（明）に軍隊を送って、これを屈服させようというのです。そのために領内通過を朝鮮に求め、当然のことながら断られると、まずはここからと朝鮮出兵を実施するのです。文禄元年（一五九二）のことでした。そして、現在の一般的評価では、ここからは侵略戦争でまちがった行為だったとされています。

しかし、秀吉にこの二つをはっきり区別する意識があったかどうか、僕はおおいに疑問です。文禄《ぶんろく》の役《えき》（韓国で壬辰倭乱《じんしんわらん》と称される戦争）の年代を暗記する語呂合わせに、

「一国《いっこく》に（一五九二）まとめた、あとは外国も」というのがあります。そうなのです。彼は日本を統一したその延長線上に、中国への遠征を構想していたのです。「小田原征伐」までは正しい戦争、そのあとの「朝鮮征伐」は誤り、というのは、日本列島を所与の前提とする立場からの評価にすぎません。

誤解のないように。僕は朝鮮出兵を弁護しようとしているのではありません。そうではなくて、むしろ秀吉の統一戦争といわれるもの自体、果たして正しい行為と呼べるのだろうか、という疑問を提示しているのです。前作でも書いたことですが、十六世紀の戦国時代の人たちは、よく小説やドラマでそう描かれているように、誰も彼もが日本に中央集権体制が確立することを望んでいたのでしょうか。秀吉の国内統一戦争と朝鮮出兵とに、本質的な違いはあるのでしょうか。

戦史をひとつながりで捉える

明治維新についても、同じことがいえるのではないでしょうか。これまでほとんどの人たちが、「明治維新は日本が欧米列強の植民地になる危機を救った」とみなし、それゆえにこのことを正当化してきました。たしかに、今、僕が日本国民として菊の模様入りのパスポートを持って海外渡航できるのは、明治維新のおかげかもしれません。でも、だからそれは正しいことだったのだ、と言い切れるのでしょうか。禁門の変とそれへの懲罰としての長州征伐、そして戊辰戦争へと展開していく歴史の経過は、その結果を知っている者にとっては、事態の当然の成り行きでしょうが、当事者たちにとっては、前作で使った表現でいえば「一寸先は闇」だったはずです。その延長線上に日露戦争があり、満洲事変に始まる日中戦争があり、「大東亜戦争」(太平洋戦争)がありました。その一連の流れのどこかまでは是認でき、どこかからは道をまちがえたとはっきり区別することは、当事者にはもちろんのこと、僕たちにとっても容易なことではないのです。

ただ、それは、「最初からそうなる運命だったから仕方がない」ということを意味しません。この一連の流れのどこかで、あるいはもしかするといたるところで、別の流れに変わる可能性があったはずです。それは偶然そうなったかもしれないし、人為的に当事者たちが自覚して、そうすることができた場合もあるでしょう。日露戦争以降の軍部の横暴と無謀な侵略を、どこかで食い止めることはできなかったのでしょうか。

もちろん、そのために文字どおり命をかけた人たちもいました。そうした試みがすべて失敗したからこその太平洋戦争だったのです。それは運命ではなく、さまざまな思いが交錯し、多くの営みがしからしめた結果でした。そもそも、誰かが主体的に全体のグランドデザインを描いて遂行した計画ではなく、なんとなく雰囲気でそうなっていってしまったといわれるところに、日露戦争以降の歴史の恐ろしさがあると言ってもよいでしょう。

第一次世界大戦の悲劇は、二度と同じ行為を繰り返すまいという決意を各国政府にさせました。国際連盟が作られたのもそのためですが、結局連盟に加盟しなかったアメリカが主導して、一九二一年にワシントンで国際会議が開催されます。戦勝五大国（アメリカ・イギリス・フランス・イタリア・日本）は翌年、ワシントン海軍軍縮条約を締結し、軍事拡張競争を自粛することで合意しました。また、ベルギー・オランダ・ポルトガル、それに中国を加えた九カ国の条約と、それにもとづく日中両国の交渉で、山東省の日本の権益を返還することが決まりました。一九二八年にはパリで、日本を含む十五カ国が参加して、不戦条約が結ばれました。

これらがすべてうまくいっていれば、第一次世界大戦はわざわざ「第一次」と冠することなく、「一度かぎりの世界戦争」で終わったことでしょう。しかし、すでに述べたように、中国の政治的統一を好ましく思わない関東軍が主導して謀略が仕組まれ、日本は中国との軍事衝突を繰り返しました。「戦争ではない」という名目で、それらは「事変」と呼ばれました。軍部は、憲法の規定を根拠に「軍隊は内閣にではなく天皇にだけ帰属する」という論理を立て、軍縮条約は「統帥権《とうすいけん》の干犯《かんぱん》」であるとして、これに抵抗しました。昭和五年（一九三〇）には浜口雄《はまぐちお》幸《さち》総理大臣が、東京駅で暴漢に狙撃されて翌年退陣（まもなく死去）、七年（一九三二）には犬養毅《いぬかいつよし》総理大臣が、海軍将校たちに官邸で射殺されました（五・一五事件）。

やがて、金融危機に始まる世界恐慌が起こります。ヨーロッパでは、敗戦国として多額の賠償金を課せられていたドイツにしわ寄せが来て、それに対するナショナリズム的な反発から、ヒトラー政権が民主的な選挙によって誕生しました。日本でも、満洲国問題により国際連盟を脱退すると、国民の支持を得て強硬外交路線がとられるようになります。昭和十一年（一九三六）には二・二六事件が起こります。事件そのものは失敗でしたが、陸軍内部の抗争がこの事件で決着したこともあって、政策決定への影響力はいっそう強まりました。

一国の指導者たることの難しさ

文民であった広田弘毅《ひろたこうき》総理大臣は、「国策の基準」で中国大陸や東南アジアへの進出方針を定め、軍備増強とナチス＝ドイツとの提携を決めました。広田が戦後の極東国際軍事法廷で、文民としてはただひとり絞首刑に処せられたのは、この政策決定の責任を問われたからです。「話せばわかる」と言いながら海軍将校の銃弾を浴びた犬養毅と、軍部に理解を示したがゆえに戦後処刑された広田弘毅。この二人の総理大臣の身の処し方を見るにつけ、僕は一国の指導者たることの難しさを感じます。「おじいさんが偉大な政治家だったから」というような単純な理由では、総理大臣という要職は務まるものではないのでしょう。

広田内閣が総辞職した五カ月後、昭和十二年（一九三七）六月に、近衛文麿《このえふみまろ》が総理大臣に任命されます。苗字でわかるとおり、彼は藤原摂関家の嫡流の生まれでした。先祖には名だたる関白《かんぱく》（すなわち近代における総理大臣）を輩出した、名門の御曹司です。その毛並みの良さが、各界から広く期待と支持を集める最大の理由でした。しかし、その翌月の七月七日、中国北京《ペキン》近郊で発生した盧溝橋《ろこうきょう》事件により、日本と中国の間に全面的な軍事衝突が起こってしまいます。当時の日本では例によって「支那事《しなじ》変《へん》」とか「日支事変《につしじへん》」という呼称でこれを戦争ではないと強弁しましたが、これはまぎれもない日中戦争でした。中国側（蔣介石政府）は日本との戦闘を避けようとし、また日本でも軍部の暴走を抑える動きが政府部内にあったにもかかわらず、威勢のよい近衛総理は、翌十三年（一九三八）一月に「蔣介石は交渉相手ではない」と宣言して、みずから講和の途を閉ざしてしまいます。こうして日本は、泥沼の戦争に突入してしまったのでした。

27　戦争の責任を考える

国民が支持した

ここまで書き進めて、ふたたび僕は自問します。この流れを誰かがどこかで食い止められなかったのだろうか、と。

戦後、こうした一連の事件を反省する観点から整理された歴史叙述では、軍部や財閥、そして「革新官僚」たちを悪人に仕立ててきました。彼らが、日本を滅亡の淵に追いやり、国民の生命財産を喪失させ、近隣諸国に多大な迷惑をかけた犯人だというのです。善良な一般国民は彼らに騙されていただけなのであり、戦争被害者だったのだ、という歴史認識です。平凡な市民が、通称「赤紙《あかがみ》」こと召集令状によって、むりやり戦場に駆り立てられるという図柄が、戦後の映画やドラマで繰り返し演じられました。あるいは、アメリカ軍による沖縄上陸戦や本土空襲により、一般国民が数多く亡くなったことも、「われわれは戦争被害者だ」とする意識を強めました。加えて、中国政府（一九四九年に蔣介石との内戦に勝利した中華人民共和国政府）も、政治的判断から「日本人民も軍国主義の被害者であった」として、政府や軍部と区別する見解をとって今日にいたっています。

でも、そうなのでしょうか？

たしかに、日本の場合、軍部主導の内閣は国民が投票して選んだものではありません。ドイツにおけるヒトラー政権の誕生とは違います。「帝国臣民」たちは、天皇が任命する内閣を御上《おかみ》として敬い奉じるしかありませんでした。議会も、大正時代の政党政治の時代とは異なってその力を失い、近衛内閣のときには、大政翼賛会《たいせいよくさんかい》という御用集団に化してしまいました。関白殿下や大将軍たちのご意向をひたすら承って、「聖戦完遂」をお助けする機関に堕していたのです。

しかし、戦争は国民の支持なしに遂行されていたわけではありません。情報操作がなされていたにせよ、「暴支膺懲《ぼうしようちよう》」（＝乱暴な中国を懲らしめ正す）というスローガンを信じて、戦争の継続を是認する雰囲気が蔓延していたのではないでしょうか。あるいは、真珠湾での大勝利を信じて、「鬼畜米英《きちくべいえい》」からアジアの同胞たちを解放することに、使命感を感じていたのではないでしょうか。

日露戦争終結時、ポーツマス講和条約の内容に不満な一部政治家が煽り立てて、日比谷公園に集まった群衆が暴徒化したことがありました（日比谷事件）。これも戦争の実態を知らされていなかったために、もっと有利な講和が結べると信じていたための不平爆発ではありましたが、国民が常に平和を愛好するわけではなく、戦争に酔いしれる場合もあることを、如実に示す事例でしょう。

「自分たちは騙されていた」。たしかにそのとおりかもしれません。しかし、そう言うことで免罪されるものではないと、僕は思います。誰かに騙されて別の人に損害を与えた場合、その行為は見逃されるのでしょうか。なぜ騙されたのか、そもそも騙されて何をしようとしていたのか、「東亜の解放」なるものの実態をきちんと考えてみたことがあるのか、当時の日本国民が軍部の行動を止めることができなかった、根本的な理由を分析してみる必要があるでしょう。戦争責任は、一部の政治家や軍人にだけあるのではないのです。そして、それは戦後生まれの僕らにとって、他人事というわけでもないのです。「あのとき、あの政治家に騙された」というのは、逃げ口上にしかすぎません。

始まりはいつも防衛戦争

司馬遼太郎のような人たちが「日露戦争は防衛戦争」とみなしていたことを、前に紹介しました。この見解は日中戦争開戦当時にも見られます。そこでは（司馬史観とはちがって）日中戦争もまた、防衛のための戦争として正当化されています。敵は共産主義国家ソビエト連邦、つまりかつての（そして現在の）ロシアでした。

日露戦争で強露の南下勢力を、本来ならば支那が食ひ止めるはずのところ、支那が無力のため、日本がその役目に当つた。誠に已むを得ざるに出た次第で、ために日本は国運を賭し、二十万の生血を献げてまで、自己存亡のために戦つたのだ。時の清朝は、半死半生の『豚』で、まだまだそれを傍観するだけの可愛さがあつた。今日の支那は即ち然らず。彼は今や全く『死せる豚』であるために、赤化勢力にその死体を提供し、支那をここに致らしめた当の赤化勢力を日本が排除せんとするのに、必死となつて咬み付いて来るのである。（武藤貞一『日支事変と次に

来るもの』新潮社、一九三七年、二二一〜二二三頁）

七十年以上前の文章ですので、中国（支那）および豚に対する差別的な表現は大目に見てやってください。肝心なのは中身です（ところで、豚の死体は嚙みつくものなのでしょうか？）。

「日支事変」は、中国を助けてやるための戦闘行為だと言っているのです。現在の僕たちから見れば、強弁以外のなにものでもありません。しかし、おそらく当時の日本国民は、そう言われて安心したのではないでしょうか。「そうか、今回も日露戦争同様、国を守るための正義の戦いなのだ」と。それが証拠に、軍部の代弁者のようなこの押しつけがましい本が、ぼくの持っている版の奥付によると、初版発行日（九月三日）からわずか半月で五刷を重ねています。一回に何冊印刷したのかわかりませんが、少なくとも、ぼくのこの本よりは速いペースでしょう。

そうなのです。日中戦争も防衛戦争だったのです。そして、昭和十六年（一九四一）十二月八日の詔勅《しょうちょく》、いわゆる「開戦の詔勅」でも、アメリカとイギリスが日本に意地悪をするので、やむをえず国家防衛のために立ち上がるのだと強調しています

（次頁史料参照）。

たしかに国民は騙されたのでしょう。でも、実は騙されることを望んでいたのではないでしょうか？　「防衛戦争なんだよ」と言ってもらうことで、多少は感じていたうしろめたさをかなぐりすてて、「聖戦完遂」に邁進できたのかもしれません。

わかりやすい図式で見るな

当時、こうした甘いことばに陶酔することなく、醒めた目で戦争を批判する人たちがいなかったわけではありません。しかし、そうした人たちを、皆でよってたかって非難し、「非国民」呼ばわりしていたのです。「皆」というのは、単に政府当局者や軍部・財閥だけでなく、「常民」たちの多数を含むということです。先の引用にもあるように、「赤」すなわち共産主義は、当時の常民たちにとって恐るべき怪物でした。戦争批判者たちは、実際に共産主義者かどうかとはあまり関係なく「赤」（ふつうはカタカナで「アカ」）だとされ、その言論や活動は、治安維持法によって合法的に抹殺されました。社会全体が狂気に充ちていたといえばそれまでですが、少数意見に冷静に耳を傾けることなく、ある国是《こくぜ》に遵《したが》うことを強要する雰囲気は、常民たちの協力な

開戦の詔勅（抜粋）

天佑《てんゆう》ヲ保有シ万世一系《ばんせいいっけい》ノ皇祚《こうそ》ヲ践《ふ》メル大日本帝国天皇ハ、昭《あきらか》ニ忠誠勇武《ちゅうせいゆうぶ》ナル汝有衆《なんじゆうしゅう》ニ示ス。

朕茲《ちんここ》ニ米国及《および》英国ニ対シテ戦ヲ宣ス。

……重慶《じゅうけい》ニ残存スル政権ハ、米英ノ庇蔭《ひいん》ヲ恃《たの》ミテ兄弟尚未《なおいま》タ牆《かき》ニ相《あい》鬩《せめ》クヲ悛《あらた》メス、米英両国ハ残存政権ヲ支援シテ東亜ノ禍乱《からん》ヲ助長シ、平和ノ美名ニ匿《かく》レテ東洋制覇ノ非望《ひぼう》ヲ逞《たくまし》ウセムトス。剰《あまつさ》ヘ与国《よこく》ヲ誘ヒ帝国ノ周辺ニ於テ武備ヲ増強シテ我ニ挑戦シ、更ニ帝国ノ平和的通商ニ有《あ》ラユル妨害ヲ与ヘ、遂《つい》ニ経済断交ヲ敢テシ、帝国ノ生存ニ重大ナル脅威ヲ加フ。朕ハ政府ヲシテ事態ヲ平和ノ裡《うち》ニ回復セシメムトシ、隠忍《いんにん》久シキニ弥《わた》リタルモ、彼ハ毫《ごう》モ交譲ノ精神ナク、徒《いたずら》ニ時局ノ解決ヲ遷延《せんえん》セシメテ、此ノ間却ッテ益々経済上軍事上ノ脅威ヲ増大シ、以テ我ヲ屈従セシメムトス。斯《かく》ノ如クニシテ推移セムカ、東亜安定ニ関スル帝国積年ノ努力ハ悉《ことごと》ク水泡ニ帰シ、帝国ノ存立亦《また》正ニ危殆《きたい》ニ瀕《ひん》セリ。事既ニ此ニ至ル、帝国ハ今ヤ自存自衛ノ為蹶然《けつぜん》起ッテ一切ノ障礙《しょうがい》ヲ破砕《はさい》スルノ外《ほか》ナキナリ。……

しにはありえませんでした。

「騙された」派と対照的に、今でも確信的に「あの戦争は正しかった」という人たちもいます。いまの日本国憲法は思想・言論の自由を認めていますから、そう語ること自体はかまわないと僕は思います。「騙された」と言い逃れをするよりも、頑固に自説を譲らない点では、むしろ好感さえ持ちます。ただ、この立場を採る人たちのなかに、「当時は欧米諸国だって同じこと（たとえば植民地支配）をしていたのだから、日本だけが批判される筋合いはない」という意見があります。僕は、そう言ってしまうと言い逃れになり、「騙された」派と同じになってしまうと思います。「人もそうしているのだから」では、日本が日本の使命を果たしたとは言えないでしょう。日本の使命とは、当時の政府が主張した「東亜の解放」です。

僕は「正しかった」派のいう、「あの戦争があったからこそ、アジア諸国は独立できた」は、歴史の結果としてはそうした面もあるだろうと思います。そして、当時の日本政府は、戦局を有利に運ぶためという実利的理由が大きかったとはいえ、建前上その政策を採りました。昭和十八年（一九四三）には大東亜会議を開催して、日本に協力的だったアジア諸国の首脳を集めています。戦後、日本人兵士のなかには、解放の大義を実践しつづけるために、東南アジアに残って独立軍の一員として戦った者もいました。日露戦争のところで述べたように、日本はアジアの人々（の一部）から、アジア代表として欧米諸国の圧政をはねのける救世主と見られていました。

「日本は侵略者だから一方的に悪く、アメリカやイギリスは中国を助けようとした正義の味方だから完全に正しい」というのは、勝者の論理であり、これもまたゆがんだ歴史認識です。歴史とは「善か悪か」を単純には判断できない、複雑微妙なものです。

しかし、常民は往々にしてわかりやすい図式を欲します。「あの戦争」について、いまの時点で反省すべき最も重要なことは、僕はこの点にこそあると思います。「はい、侵略行為でした。ごめんなさい」と言えば済む問題ではないのです。

考えてみてください。「日本の経済的生命線を防衛するため」と称して、海外に軍隊を派遣する行為は、さて、単に昔の話でしょうか？　あとで「あのときは騙された」は、もう通じませんよ。

28　破局、そして再建

敗戦まで

日中戦争が泥沼に陥り、アメリカやイギリスのほか、インドネシアを植民地とするオランダからも嫌われた日本は、この「ＡＢＣＤ包囲網」(America, Britain, China, Dutch の頭文字) をはねのけるため、資源をもとめて、当時、本国がドイツの傀儡政権(ヴィシー政権)だったフランスの植民地、インドシナ半島に「進駐」します。実質的には侵略です。

アメリカとの最終的な交渉は、中国やベトナムからの兵員引き上げを受け入れようとしない軍部の反発で決裂し、ついに昭和十六年(一九四一)十二月八日の真珠湾攻撃と、イギリス領マレー半島への侵攻の日を迎えました。

「大本営発表」は戦果の誇示を繰り返しますが、実際にはわずか半年ほどで反転攻勢にあい、以後はじりじりと追いつめられていくことになります。南方諸島（かつてのドイツの植民地でしたが、第一次世界大戦後に日本が信託統治の任にあたっていました）でのあいつぐ玉砕、そしてそこを基地としての米軍機による本土空襲。昭和二十年（一九四五）春には硫黄島《いおうとう》が陥落、沖縄での壮絶な地上戦が始まります。アメリカは台湾をあとまわしにして、日本本土を攻撃するために沖縄を狙ったのです。六月、沖縄陥落。その過程で多くの民間人が巻き添えになりました。

五月にヨーロッパでナチス＝ドイツが壊滅すると、七月にはアメリカ・イギリス・ソ連の首脳がポツダムで会談し、連名で日本に無条件降伏を呼びかけます。（のちに中国の蔣介石政権も参加）。日本がこれを黙視しつづけたため、八月八日にソ連が日本に宣戦布告します。日本とソ連は中立条約を結んでいたのですが、ソ連がこの条約を結んだ理由はドイツと対立し戦争をしていたからですので、もはやソ連にとってこの条約は意味を持たなくなっていたのです。それよりも、日露戦争でその権益を失った満洲に向けて、怒濤《どとう》の進撃が開始されます。

アメリカは、ソ連が参戦することで、日本がドイツと同じように東西両陣営（ドイ

終戦の詔勅（抜粋）

……交戦已《すで》ニ四歳ヲ閲《けみ》シ、朕《ちん》カ陸海将兵ノ勇戦、朕カ百僚有司《ゆうし》ノ励精《れいせい》、朕カ一億衆庶《しゅうしょ》ノ奉公各〻最善ヲ尽《つく》セルニ拘《かかわ》ラス戦局必スシモ好転セス、世界ノ大勢亦《また》我ニ利アラス。加之《しかのみならず》敵ハ新《あらた》ニ残虐ナル爆弾ヲ使用シテ頻《しきり》ニ無辜《むこ》ヲ殺傷シ、惨害ノ及フ所真ニ測ルヘカラサルニ至ル。而《しか》モ尚《なお》交戦ヲ継続セムカ、終《つい》ニ我カ民族ノ滅亡ヲ招来スルノミナラス延《ひい》テ人類ノ文明ヲモ破却《はきゃく》スヘシ。……朕ハ時運ノ趨《おもむ》ク所、堪《た》ヘ難《がた》キヲ堪ヘ忍《しの》ヒ難キヲ忍ヒ以テ万世ノ為ニ太平ヲ開カムト欲ス。朕ハ茲《ここ》ニ国体ヲ護持シ得テ、忠良ナル爾臣民《なんじしんみん》ノ赤誠《せきせい》ニ信倚《しんい》シ常ニ爾臣民ト共ニ在リ。……

ツの場合は、アメリカ・イギリス・フランス・ソ連）の分割占領になることを虞《おそ》れ、当初はドイツに対して使うつもりで開発していた新兵器を使います。原子爆弾です。

八月六日に広島に、九日には長崎に原爆が投下されました。その甚大な被害の悲惨さについては、君もよく知っていることでしょう。さすがの日本も、昭和天皇みずからがイニシアチブをとって、ポツダム宣言を受諾することとし、十四日に連合国側に通知します。「帝国臣民」への発表は、十五日の正午に、ラジオ放送を使って、天皇自身が肉声により行うことになりました（生放送ではなく、十四日に録音されたものです。その音盤を奪取し、戦争を継続しようとした軍部強硬派のクーデターは、失敗に終わりました)。

このいわゆる玉音放送《ぎょくおん》は、しかし、戦争の遂行を反省する内容ではありませんでした。「戦局必ずしも好転せず」、しかも敵が「残虐なる爆弾を使用し」たことにより、日本という国家が滅亡の危機に瀕しているため、「堪え難きを堪え、忍び難きを忍び、以て万世の為に太平を開かむと欲」して無条件降伏をするのだと言っているだけです。そこには、韓国の植民地統治や中国への侵略を懺悔する文言は、一切ありませんでした。

戦後の改革と東西冷戦

が、ともかく、戦争は終わりました。「栄《は》えある皇軍」は武装解除されました。中国大陸や朝鮮半島、それに東南アジア方面にいた兵士たちも、約束では無事に日本に帰還できるはずでした。ところが、満洲国にいてソ連軍の捕虜になった人たちは、シベリアに連行されてその開発作業に酷使され、悲惨な体験をします。また、樺太や千島列島も、ソ連軍が占領してしまいました。戦後の日本で、社会主義を信奉する人たちを除いて、ソ連(ロシア)に対する不信感が根強いのは、このときの仕打ちに原因があります。もっとも、あちらに言わせれば、「昔の状態に戻す」ということなのでしょうが。

連合国はアメリカを主体とする占領軍を日本に派遣し、その軍国主義体制を解体していきます。眼目となったのが、財閥《ざいばつ》の解体、農地解放、そして憲法改正でした。形式上は帝国議会における議決承認を経て、ただし、実質的には進駐軍《しんちゅうぐん》の原案をほぼそのままに、日本国憲法が成立します。そこでは、前文および第九条において、今後は戦争をしないことが宣言されました。天皇の地位は、「日本国および日本国民統合の象徴」と規定されました。男女平等や思想信仰の自由が明言され、主権在民の民主主義国家としての再生が謳われました。

一九五一年、サンフランシスコで連合国との講和条約が調印され、日本は独立国家としての体裁を回復します。しかし、この頃には、アメリカとソ連の対立が顕在化し、朝鮮半島では、両国が支持する勢力同士の内戦が始まっていました（朝鮮戦争）。これにさきだって、中国の内戦では毛沢東《もうたくとう》が勝利して中華人民共和国が誕生、蔣介石は台湾に逃れ、そこで「中華民国」を名乗り続けていました。このため、サンフランシスコ会議では、ソ連や中国とは条約を結べず、また北朝鮮はもとより、韓国も、この時点では日本と仲直りしませんでした（韓国は一九六五年に日本と条約を締結して国交樹立）。

そして、日本はアメリカと安全保障条約を結び、「占領軍」としてではなく、日本を守るために駐留を継続することを認めました。いや、形式的にはお願いして居続けてもらったというべきでしょう。アメリカ軍がいなければ、ソ連や中国・北朝鮮などの社会主義国が、侵攻してくる危険性があると判断されたのです。本音はアメリカが、日本に基地をもちつづけることが便利だからでした。特に沖縄は昭和四十七年（一九七二）まで、アメリカの占領統治下に置かれました。そして一九六五年に、ベトナムにおける社会主義勢力（北ベトナムと南ベトナム民族解放戦線）を打倒するための戦争が始まると、沖縄のアメリカ軍基地が存分に活用されたのでした。

歴史教育をめぐって

この間、ふつうの国民、すなわち「常民」たちはどうしていたのでしょうか？

戦後、学校教育も大きく変貌します。記紀神話を事実として教えていた「国史」は、縄文時代から始まる現在の「日本史」になりました。忠君愛国を叩き込んでいた「修《しゅう》身《しん》」は廃止されました（のちに趣旨を変えて「道徳」となる）。日本や中国の故事や思想を教材とすることで、これらを側面援助していた「漢文」は、政治的な素材を削り、「国語」のなかの古典教育の一部としてのみ存続するようになります。さすがに今回は、明治末期の南北朝問題のように、「それはおかしい」という声はあがりませんでした。

いや、あがってはいたのです。保守的な思想の人たち、そして戦後もその宗旨を変えようとはしなかった人たちは、戦後教育を、日本の古き良き伝統を破壊するものとして批判しました。その流れに属するのが、例の自虐史観批判派の人たち、僕の命名では「自慰史観」の人たちです。これはもう一種の宗教ですから、論理的・科学的に説得を試みても成果はあまりあがらないと、僕は感じています。そして、こうした史観は、政治的権力者が誘導してそうさせている（＝常民を騙している）というよりも、草の根レベルで自生しているものだと思います。

現在、文部科学省の検定教科書は、日本の建国を、紀元前六六〇年の神武天皇の即位だとはみなしていません。しかし、「地元」の奈良県では、郷土史家と称する人たちによって、彼が実在したかのように説かれ、それを町役場が主催する文化講座で話しているようです。僕はそのこと自体をとやかく言おうとは思いません。僕が強調したいのは、そうした講演を、「常民」たちがみずから求めているにちがいないという点です。日本の将来は、「主権者」たる国民がその責任を負わなければなりません。そして、「将来」への道は、「過去」をどう認識理解しているかにかかっています。二千六百七十年前に即位した王様以来、日本国がずっと一貫して日本国だったとする歴史認識は、僕の眼には、将来を危うくするものだと思えてならないのです。

皇室では、いまも神武天皇を初代として天皇の代数を数えています。途中、二つに分裂した時代は、南朝（さすがに「吉野朝」とはもう呼んでいないでしょうが）の天皇のほうを正統に数えています。この点で、敗戦のあとの変更はありませんでした。こうした無変化が、彼らのみの内輪の論理ではなく、広く「常民」たちに支持を得ているのではないか——僕の危惧はここに由来しています。

「鉄は熱いうちに打て」と言います。教科書からではわかってもらえないかもしれない、天皇を中心としたこの日本国の歩みを、君たち未成年の人たちに知ってもらいたいと念じて、僕は本書を書いているのです。

29　一九六八年

「古い権威の打倒」をめざして

一九六八年というのは、世界史的に重要な年です。それは日本にとっては、明治維新の百周年にあたる年でした。司馬遼太郎『坂の上の雲』が、これを機に執筆開始されたことはすでに述べました。ここでは、この年のことを考えてみましょう。

これにさきだち、南北に分断されていたベトナムでは、一九六五年以来、アメリカが介入して戦争が本格化していました。アメリカにとっての大義名分は、共産主義勢力の拡大を防ぐことでした。「ベトナムの赤化《せきか》を防ぐため、やむをえずベトナム人と戦うのだ」ということでしょう。

あれ？　このセリフ、どこかで見た覚えはありませんか？

そうです。日中戦争開始にあたって日本がとっていた立場です。かつての日中戦争同様、「ベトナム戦争」（ぼくはこの呼称はおかしいと思います。「米《べい》越《えつ》戦争」というべきでしょう）も泥沼化します。一九六八年を迎えるころには、アメリカ国内で青年層を中心に、反戦運動がさかんになってきます。実際に戦場に駆り出されて死んでいくのは、彼ら若い人たちでしたから。

一九六六年には、中国で文化大革命が始まっていました。いまでは毛沢東が仕掛けた権力闘争だったことがわかっていますが、当時は彼の掛け声に惑わされ、世界中の若者のなかに共鳴するものが多く出ました。すなわち、「古い権威の打倒」です。フランスでは国内情勢ともあいまって、一九六八年には大規模な学生運動が発生します。

第二次大戦後、ソ連が勢力圏を拡大して、東欧諸国は社会主義国家になっていました。しかし、やがてソ連式の国家運営はいきづまり、「人間の顔をした社会主義」が唱えられるようになります。チェコ＝スロバキアでは一九六八年に、「プラハの春」と呼ばれる改革運動が政府主導で起こりました。

このように、世界中で新しい動きが兆すなか、日本でも学生運動が起こります。最初はそれぞれの大学の個々の事情、たとえば東京大学では医学部の研修制度への不満が発端でしたが、やがて学生たちは連合して、国際反戦運動の一翼を担うようになります。それも、昭和三十五年（一九六〇）の安保《あんぽ》反対運動のときとは異なり、左翼政党主導の政治運動の一環としてではなく、彼ら自身の直接行動がなされました。授業ボイコットのストライキが実施され、大学の施設が占拠されました。特に象徴的存在となった東大安田講堂には、ほかの大学の学生たちが多数やってきて合流し、その拠点となりました。

革命運動の挫折と高度経済成長

一方で、自民党政府を中心に、明治百年を祝う一連の試みが企画実施されました。高度経済成長を遂げ、敗戦の暗い思い出と、その影から訣別したいと思っていた多くの「常民」たちは、革命を叫ぶ学生たちにではなく、明治以来の日本の発展のほうに関心を寄せました。七月に実施された参議院の通常選挙では、自民党は微減ながら現有勢力を維持しました。

八月、「プラハの春」を危険視したソ連軍（正確にはソ連を中心とするワルシャワ条約機構軍）は、武力介入してこれを潰します。戦車がプラハ市内を走り回る光景が、世界に配信されました。それまでは、アメリカ軍がベトナムの一般人を殺傷している写真を、さんざん見せられていました。しかし、ソ連も同じではないか。共産主義だからといって、必ずしも「人民」の味方ではない。多くの日本国民はそう思ったことでしょう（中国国内での文革《ぶんかく》の実態がもし同時期に広く知られていたら、さらにそうした風潮を加速したことでしょう）。

革命をめざす一部の学生たちの過激な運動は、結局、国民的支持を得られませんでした。彼らの残党は一九七〇年代にテロリスト連合赤軍となり、そして雲散霧消《うんさんむしょう》していきました。ベトナムをはじめとする虐げられた諸外国との連帯を説く主張は、一般社会では、切実には受け止めてもらえませんでした。ちょうど百年前の幕末維新の志士たちは政権を転覆することに成功したのに、彼らとあまり年格好の変わらぬ学生運動の指導者たちは、同様の試みに失敗しました。

高度経済成長によって経済的に豊かになり、科学技術の進展によって家電製品をはじめとするさまざまなモノに取り巻かれて、便利な暮らしをするようになった「常民」たちは、国際情勢への関心を喪失していきます。日本さえ平和であればよい、そしてなんとかそれは大丈夫そうだ。人々はベトナムや東欧の悲惨な光景をテレビで眺めながら、日本に生まれた幸運を嚙み締めるようになりました。二十数年前の戦争は、忘れられてはいないにしても、記憶のなかで遥か遠い存在になりました。戦後生まれの人たちが、このころから結婚して家庭を持ち、子供を育てる年齢になっていきました。

「パパやママの子供のころには日本にも戦争があってね。」

こうした形で戦争の悲惨さを語れる親が、減っていくのです。

偉そうに言いましたが、僕ももちろん「戦争を知らない世代」です。でも、子供のころ、両親（君のおじいちゃんとおばあちゃん）からは、しじゅう戦争体験について聞かされて育ちました。食べ物を残すと、「自分がお前の齢のころは、毎日おなかをすかせていた」と繰り返し言われました。

そう、それがまさに一九六八年頃のことでした。この年、僕は横浜郊外のN町に転居します。明治時代、日本の重要な輸出品だった絹を、横浜港に運ぶために敷設された鉄道、横浜線の沿線でした。と同時に、その直前に東急電鉄が新しい路線を延ばして、ここで横浜線と交わるようにしました。一九六八年には、まだまだのどかな「田園」風景が広がっていましたが、やがてまもなく沿線には次々と家が建ち並んで、

「都市」化が急速に進行する、この二つの語を名前に持つ路線、田園都市線です。

この四十年、そしてこれから

それから四十年、日本はこの沿線と同様、大きく変貌しました。禁門の変から日露開戦まで、あるいはポーツマス講和条約からポツダム宣言受諾までと同じ、四十年です。それは、僕が自分で目にし耳にしたことを語れる時間です。だからこの四十年間については、わざわざ文章にしません。なぜなら、すでに僕は君に向かって、家のなかでそれらのことを話してきたからです。昭和四十五年（一九七〇）の大阪万国博覧会で、月の石を見るために長時間並んだこと、五十一年（一九七六）のロッキード事件で田中角栄《たなかかくえい》逮捕の号外を、部活の旅行先であった仙台でもらったこと、平成元年（一九八九）の天安門《てんあんもん》事件のときに、君のかあさんと一緒に北京にいたこと、七年（一九九五）の地下鉄サリン事件の直後に、君も連れて東京に行ったときの張りつめた緊張感のことなど。

そして、世紀が変わり二十一世紀になってからのできごとは、君自身が記憶していることでしょう。いわゆる同時多発テロ事件、あの9・11のときに、君が通っていた小学校は全校臨時早退になりましたよね。僕は事件の詳しい内容を知らずに帰宅し、アパートの前に消防車が警戒にあたっているものものしさに、びっくりした印象が強烈です。あのアメリカ暮らしから、もう何年経つでしょうか。

平成二十一年（二〇〇九）、衆議院の総選挙で政権交代が実現しました。僕がどういう投票行動をしたかは、秘密です。この選挙結果が、今後の日本をどのように変えていくのか、この文章を書いているいま、僕にはまだわかりません。でも、ただ一つ言えることは、次の総選挙のときには、おそらく君も選挙権をもっているだろうということです。君が自分の判断で自信をもって一票を投じることができるように、これから成人するまで、まだまだたくさんのことを学んでください。そして、君が子供を持つようになったら、「おかあさんの子供のころは」という話を、僕の孫にしてやってください。

歴史とは、世代を超えて受け継がれていく物語です。そこで活躍するのは政治家や芸術家であることが多いですけれど、僕たちひとりひとりが歴史の担い手です。そう、歴史は「常民」が作るものなのです。だからこそ、僕たちは日本という国の将来について、しっかり責任感を持つ必要があります。二度と「騙された」などと言わないために、ものごとをきちんと判断できる力を、どうか養ってください。

日本の未来は決して明るいわけではありません。これまでの二百年間が（悲惨な敗戦はあったにせよ）うまく行き過ぎていたのです。今後、アジアの一国として、日本が尊厳をもって存在できるかどうかは、君たち若い世代の双肩にかかっています。前作でも述べたように、僕は人生の折り返し点を過ぎました。いつのまにか、夏目漱石が亡くなった年齢に近づいています。僕の身にいつ何があってもいいように、君に伝えておきたいことは、だいたいもうお話ししました。どうか、この僕の想いを、しっかりと受け継いでください。お願いします。

30　シルクロードと韓流――幻影二題

見たくないものをこそ見る

本書は前の章でもう完結したようなものですが、最後に蛇足《だそく》を付け加えます。数にこだわる僕としては、章の数が旧暦の小の月ではなく、大の月の日数で終わらせたいからです。

一九七〇年代後半、文化大革命が終わって外国メディアに国内取材を許可するようになった中国に、NHKが大規模なロケ部隊を送り込みました。「シルクロード」取材班です。このシリーズは、石坂浩二の品のよいナレーションと、喜多郎のシンセサイザーによるテーマ曲もあいまって、放映されるやたちまち評判となりました。僕も毎回、熱心に見たものです。やがて、外国人旅行者の受け入れが本格的に始まると、多くの日本人が敦煌《とんこう》やウルムチを訪れるようになりました。

しかし、このドキュメンタリー番組は、シルクロードの地域、すなわち新疆ウイグル自治区の現実を、正しく伝えてはいませんでした。そこでは核実験が行われ、また漢民族以外の少数民族たちに対する圧迫が加えられていたのですが、「シルクロード」の画面は、そうしたことを一切報じませんでした。

考えてみれば、さしもの「皇軍」も、この地域にまで進軍することはできませんでした。そのため、中国の東半分とはちがって、この地域には「日本軍の残虐行為」の記念地はなかったのです。だからこそ、心置きなく、日本の常民たちは、この異国情緒あふれる番組を楽しんだのかもしれません。それは中国にはちがいないものの、暗い記憶を呼び覚ます中国とは別の国でした。

二十一世紀になって、今度は韓流ブームが沸き起ります。いろんな映画やドラマが評判になり、人気を集めました。でも、ここでも日本人にとって思い出したくない過去は、封印されたままでした。韓流は、古代から近世の朝鮮半島の歴史ドラマか、現代劇にかぎられ、日本が深くかつ暴力的にかかわった近代を扱うものは、日本では顧みられませんでした。日本で『坂の上の雲』が平然とドラマ化されるのも、韓国にかけた迷惑の詳細を、僕たちが知りたくないからかもしれません。

しかし、本当は、中国や韓国、それに台湾・香港のような隣国について、もっときちんと知る必要があるのです。そうしてはじめて、僕たちはちゃんとした隣同士の付き合いができるようになります。経済発展著しい中国社会の裏側で、どんな事態が進行しているのか。日本政府の首脳が靖国神社に参拝すると、なぜ東アジア諸国は厭がるのか。見たいものだけを見るのではなく、見たくないものをこそ見ることによって、僕たちは真の友好関係を築くことができるようになります。

さまざまな百周年

二〇一〇年は、「日韓併合」百周年です。もちろん、めでたいとお祝いするような性質のものではありませんが、僕らはそれをきちんと記念していく必要があるでしょう。なぜ日本はこの隣国を併合しようとしたのか、そしてそのことが、韓国の人たちに（現在も続く国土の分裂という事態もふくめて）どのような迷惑をかけてきたのかを、きちんと総括する年であってほしいものです。

そして、二〇一一年は中国の辛亥革命《しんがいかくめい》百周年です。清を打倒して中華民国を誕生させたこの事件が、ある点では現在の新疆ウイグル自治区やチベットで起きている問題の出発点でした。清の領土を、中華民国がそのままそっくり相続したからです（のちにモンゴルは独立して中国から離れますが）。おそらく、辛亥革命を見直すさまざまな学術的検討が、この記念の年に繰り広げられることでしょう。でも、その光明面とあわせてその暗黒面についても、僕らはきちんと知らねばなりません。日本という国がいまこうしてあるように、中国という国はいかにしていまこうあるのか。大陸（中華人民共和国）と台湾（中華民国）、北京政府と香港の関係もふくめて、この年にはいろいろなことが議論できそうです。

もし君が、こうしたことに関心をもったなら、ぜひ大学ではアジアの歴史や文化を専攻として選んでください。江戸時代後半からの二百年来、日本のアジア認識はいろいろと誤ってきました。でもこれからは、もうそれでは許されません。中国や韓国との平和的友好関係を維持発展させるためにも、ひとりでも多くの学生が、こうした分野を勉強してくれることを祈念して、本書を終えたいと思います。

文庫版追補　あれから十年──令和を迎えて

岩槻の藩校

先週の三連休はお疲れ様でした。君が実家に戻ってくると、かあさんは「料理を作るのが大変だ」とか言いながらも、いそいそとして嬉しそうです。熟年夫婦が一週間顔を合わせていると煮詰まってくるので、君との会話がかあさんの気分転換になっています。親孝行、ありがとう。

最後の「海の日」は君がまだ寝ているうちに僕が朝早く出かけてしまって失礼しました。高校のサークルのＯＢ会（わが母校は男子校なのでこの表現にジェンダー的な問題はありません）で同じ埼玉県内の岩槻での町歩きに参加したためです。人形で有名な町ですが、もとは城下町、かつ日光街道の宿場町で、明治初期の埼玉県創設時には県庁所在地でした。県庁はわずか数年で浦和に移転しますが、いまはどちらも「さいたま市」なので、再度県庁所在地に戻ったわけです。

落ち着いた街並みの住宅地のなかに神社やお寺が散在し、町の東には大きな城跡がありました。城跡といっても城好きのミーハー（昭和の表現ですね）が喜ぶ天守閣や石垣はなく、曲輪跡の広場と土塁・空堀しかありません。でも僕たちは地歴部なので、五十歳を過ぎたおじさんたちがけっこう興奮して空堀のなかを歩き回ってきましたよ。

岩槻には遷喬館《せんきょうかん》という藩校があり、今回の僕たちの遠足の一つの目玉でした。児玉《こだま》南柯《なんか》という藩士が一七九九年（寛政年間です！）に始めた私塾で、やがて殿様が正規の藩校にしたものです。「遷喬」という語は儒教の古典『詩経』にある「喬木に遷る（鳥が高い木に飛び移る）」という句にもとづいており、学問への志を表しています。今は埼玉県の史跡となり、さいたま市が修築した建物が当時の趣を伝えて一般公開されています。畳敷きの教室で、岩槻藩士たちは儒教の経書を学んだわけです。

本書で紹介したように、寛政年間とそれ以降、日本全国に広くこのような藩校が設置されました。以来二百年、日本は教育を重んじ、人材を養成することで世界のなかで存立してきました。その過程で歴史的な過ちも犯しましたけれども、失敗を乗り越えてふたたび蘇ったのには国民（常民）の学力の高さと教育に対する理解の深さが大きな力になったのです。

文明・文化を摂取する力

ところが、君たちの世代は過去二百年の歩みに逆行する愚策の被害を受けました。「ゆとり教育」です。発案者の元文部官僚が弁明書のようなものをいくつか出版しており、それらを読むと彼に悪意が無かったこと、学校現場で彼の意図をゆがめて実行されたことがわかりますけれど、政治は結果責任ですから免責されるわけではありません。江戸時代後半から続いてきた教育大国の地位を、日本は政策的に手放したといっていいでしょう。最近はこの政策を転換していますけれど、本書で書いたように教育の成果・弊害が現れるのは二十年くらい経ってからです。君たち「ゆとり世代」の人たちが、自分たちが受けた被害を自力で乗り越えるために、おとなになった今、あらためて広く深い知識を身につける努力をしてもらいたいと思います。

僕は「昔の日本人は偉かった」と自慢する「自慰史観」の人たちとは歴史認識を異にしますが、少なくとも学問・教育の分野で過去千四百年間（遣隋使以来です）にわたって続けてきた努力については誇りを感じています。すなわち、外国のすぐれた文明・文化を自主的に摂取し、しかし一方で自分たちの生活習慣にあわせてそれを加工する努力です。

「自主的に摂取」についていえば、世界の多くの地域では軍事的・政治的圧力によって異文化を否応無く強制的に押し付けられる事例が一般的でした。あのイギリスだって、紀元前後の頃にはローマ帝国、十一世紀にはノルマン人の軍事侵攻を受けて、ギリシャ・ローマの文明やキリスト教文化に染まったのです。ところが日本は中国に占領されてもいないのに漢字を学び、律令国家を作り、中国風の仏教を信仰するようになりました。十九世紀には、植民地にされてもいないのに西洋文明を取り入れ、彼らをまねた近代国民国家を自分たちの力で作ってしまいました。悪口ではないことを断ってからいえば、たとえば「世界最大の民主国家」のインド共和国では、イギリスの植民地支配を受けたことへの抵抗から独立運動・民主化運動が生まれたのです。

「自分たちの生活習慣」についていえば、中国や韓国から学んだ先進文明をこの列島の風土に合うように加工してきました。逆に表現すれば、合わないものは受け入れませんでした。これも悪気があって比較するわけでないと断ってからいうならば、韓国は中国文明に染まるなかで人名を中国風に変え、儒教（朱子学）を中国人以上に厚く信奉し、中国が清の時には「自分たちこそが中華文明の担い手だ」というのを誇りにしていました。それはそれでたしかに素晴らしいことなのですけれど、日本はそうしなかったのです。（「できなかった」と表現すべきでしょうか。）十九世紀の西洋化にあっても、衣食住の分野では江戸時代の「伝統」を残しました。洋装はかつての裃《かみしも》と同じような正装であり、政府のお偉方も家の中では和服でくつろいでいましたし、西洋料理は（一部の上流階級を除いて）よそ行きの食事でした。文字も（漢字廃止論者はたしかにいましたが）昔中国から学んだものを使いつづけました。

この最後の点についていえば、翻訳という技術がおおいに活躍しました。これは昔、中国語（漢文）を訓読してきた技術の延長線上にあると僕は考えています。というか、明治の文明開化にあたって欧米の学術用語・政治用語の多くが漢字を用いた熟語によって訳されました。それは「科学」・「技術」・「経済」・「社会」、あるいは「民主」・「選挙」・「議会」・「政党」と、それこそそうした学術・政治の枠組み自体の概念用語として定着し、今も使われています。もしこれが「日常生活は母国語だけど、大学や議会では英語を使わないといけない」だったらどうでしょうか？　そして、実際に世界の多くの国ではそうなっているのです。

長々と話してきたのは、本書出版後の十年間に、急速にこの「伝統」が失われつつあるからです。何か新しい事象を導入すると英語（「IT」とか「Wi-Fi＝ワイファイ」とか）で表現され、日本語（漢字の熟語）にする努力は放棄されています。「携帯電話」の新種は「スマホ」になりました。国際化と称して大学でも英語による授業が推奨され、「学部のなかでの英語による授業の割合」を報告し、その率が多いと高く評価されるという「噴飯もの」の現象が起きています（今、この「電脳」で「噴飯もの」の英訳を調べたら steaming stuff と出ました。う〜む……）。なお、「噴飯もの」って「怒る」という意味ではないですよ、念のため。

東日本大震災の教訓

この十年間、いろんな事件が起きましたが、そのうち最大のものは東日本大震災でしょう。震災はこれ以外にもいくつかありましたけれど、また、その他の自然災害（大雨や噴火）もありましたけれど、被害の大きさと深さの点で東日本大震災は桁違いでした。津波などで約二万の人が亡くなり、原発事故で暮らせない土地ができました。

僕はこの二点はいずれも歴史に関わると考えています。

震災後、あれとよく似た津波が九世紀にも起きていて（貞観津波）、その記録が史料に残っていたという点が指摘されました。この惨害を契機に歴史地震学の必要性が認識され、ささやかながら僕もお手伝いをしました。今回のあの規模の津波を想定せずに防災対策を立ててきたことは、経済効率だとかリスク管理だとか専門用語でなんやかや弁解が言われているにせよ、やはり「歴史の軽視」だったと僕は思います。

そして、原発事故。これはもちろん過去に事例の無い事象でした。でも、もし万一そうした事態が生じたら今後非常に長期間にわたってその後始末をし続けなければならないことは、専門的知識を持つ人たちの間ではわかっていたことのはずです。それでも彼らが原発を造り続けたのは、これまた経済効率やリスク管理によるにせよ、将来に対する想像力の欠如、ないしは時間的に物事を考える思考に長けていないことを示しています。のちの時代の人たちにどんな迷惑をかけることになるかを、少しでも考えたなら、あんな危ない物は怖くてとても造れないはずだと、僕は思うのですが……。だって、東日本大震災の時に生きていた人が誰もいなくなった時にも、まだあの原発の後始末をしつづけなければならないんですよ。歴史において過去を批判するのはこうした場合ですし、後世からのそうした批判を避けるためにこそ、歴史を学び、歴史に学んで何かをすべきなのです。

つまり、過去に実際にあったことを知ることも、将来にどういう影響を与えるかを想像することも、歴史的思考だということです。

近隣諸国とうまく付き合うために

僕は愛国者です。それだけに自称愛国主義者の人たちが（僕のいう）「自慰史観」を信奉するのが許せません。日本の国益を損なうからです。十年前に憂慮していた状況がますます悪化し、当時に比べて今や自慰史観は普通になってしまいました。日本の経済力が卓越していて、少々いばっても周りの国々がしぶしぶ付いてきた頃ならともかく、今やそんな力は日本にありません。居丈高に「日本はすばらしいんだ」と自慢したところで、「ふ～ん」と軽蔑されるのがオチです。今の日本にはご近所とうまく付き合う知恵を身に付ける必要があります。「自虐」に陥らなくてもよいですが、相手の立場や主張を理解しようとする構えがなければ、もう仲間にすら入れてもらえなくなりますよ。

自分たちの文化伝統を大事にするということは、他者の伝統も尊重するということです。日本はさっき述べたように、昔からよその文化・文明を積極的に摂取してきた歴史の経験があります。この「伝統」を活かして（もはや一流国家ではない）日本の針路について、君たち若い人たちが考え、実行していってください。

それには、代表制民主主義をとるわが日本国において重要なのが、選挙です。きょうは参議院選挙の投票日。もう期日前投票をしましたか？

昔の人たちは「自分たちがひどい目に遭うのは政治家が悪いからだ」と他人のせいにできました。でも、国民主権のもとではそうした政治家や彼らの政策を選んでいるのは僕たち自身です。人のせいにしてはいけないのです。「常民」がいかに間違えやすいかについては、本書のなかで史実を紹介してきました。だからこそ、そのように選択を間違えやすいことを充分自覚してできるだけ間違えないようにするためにも、歴史を学ぶ必要があるのです。きょうの選挙結果はこの手紙（＝本）が届く頃には判明しています。大きな変化が一気に訪れることは期待できませんが、少なくとも悪化を防ぐことができれば、僕はとりあえず満足しようと思っています。

ではまた来月。君が来るのを楽しみにしていますからね。

文庫版あとがき

本書は『父が子に語る日本史』（二〇〇八年）の続編としてその翌年、同じトランスビューから刊行された。『父が子に語る日本史』の方は本書に先んじてすでにちくま文庫の一冊に入っている（通し番号こ‐53‐1）。そちらには文庫版あとがきを入れていない。このあとがきは二冊分あわせてのものである（以下、二冊をまとめて「本書」と呼ぶ）。

本書執筆の動機は本文で述べたそのとおり、娘に読んでもらうためだった（ここで一言。刊行直後の各種紹介文には「著者が息子に向かって語りかけ」云々という表現が多かった。本文ではっきり娘であることを明記しているにもかかわらず。紹介者たちによるこのジェンダー偏見は、非常に興味深かった）。

私の願いむなしく、彼女は大学で歴史学を専攻しなかった。今はさる独立行政法人に奉職している。彼女にとって本書が何であったのか、そもそも本書を読んでいるのかどうか、私は知らない（訊くつもりも無い）。

そういうわけで原稿執筆の初発の意図は果たされなかったけれども、幸い本書は多くの「我が子」を得たようで、発売以来十年を経てなお書店の棚に並ぶ姿をよく見かけた。日本国内だけでなく中国語訳版も出版され、私の本業（中国思想史）の訳本よりもよく売れたようである。このたび筑摩書房の永田士郎氏からの提案でちくま文庫に収録し、さらに多くの「我が子」の目に触れる機会を得たのは嬉しいことだ。

文庫化に際しては（書き下ろしの最終章を除いて）最小限の修正にとどめ、十年前に娘に語りかけた雰囲気を残した。史実解釈や歴史認識についてこの十年間に私自身に少しく変化はあるのだが、それを直接的には反映させていない。現時点（二〇一九年）での私の史観は、この文庫版に続けて同じ筑摩書房のちくまプリマー新書から刊行される予定の『子どもたちに語る　日中二千年史』（仮）を参照されたい。そちらも高校生に向けて語りかけた、しかも本書と異なり連続講演の実録ものである。

令和の御代の若者たちが歴史を鑑として後悔しない選択をしてくれるため、この文庫版がその一助になれば幸いである。

二〇一九年七月

小島　毅

解説

APU（立命館アジア太平洋大学）学長
出口治明

歴史に対する著者と僕の立ち位置は、一見したところ、かなり異なっているようだ。著者が「歴史は基本的に文学だと考えている」のに対し、僕は「歴史は科学だと主張」しているからだ。しかし、それにもかかわらず僕が本書に親近感を覚えるのは、読んでいて何より面白いからであり、歴史認識などで共通する部分がたくさんあるからだ。そもそも、いかなる本であれ、読んで面白くなければ意味がないと僕は思っている。ところで、共通する部分について、いくつか例をあげてみよう。

著者はネルーの『父が子に語る世界歴史』を意識して執筆したと記しているが、僕が浅学非才の身を省みず無鉄砲にも通史を書き続けているのは（『人類5000年史（Ⅰ、Ⅱ）』『0から学ぶ「日本史」講義（古代篇、中世篇）』）やはりネルーに触発されてのことだ。

「日本の歴史と伝統はすばらしい」と自画自賛する言説は、バブル破綻後わが国の成長が止まり、その一方で近隣アジア諸国が著しい経済成長を遂げる中で生じた不安を癒すはたらきを果たしているように思える、と著者は指摘する。僕は、著者と同じく歴史は文学であるというルカーチの「一般に祖国愛が防衛的であるのに対し、大衆迎合的なナショナリズムは攻撃的である（中略）ナショナリズムは劣等感と不義の関係を結んだ祖国愛である」（『歴史学の将来』）というくだりを直ちに連想した。

本書は『父が子に語る日本史』の続編であり近現代史を扱っているが、近代の始まりを松平定信の寛政の改革前後に置いている。朱子学に通暁していた定信は「大政委任論」というきれいに整理された政治思想を主張した。将軍は天皇から政治を委任されて行っているのだから諸大名はじめ全国の人々は将軍の命令を聞かなければならないというものだ。おそらく徳川家康や家光はこのようなきれいな政治思想を想像だにしなかったに違いない。武断政治を行っていた彼らは、もっとシンプルに、実力で天下を獲《と》ったのだと思っていたはずだ。それが文治政治に転じると、どうしてもきれいで整合的な理屈が欲しくなる。しかし、首尾一貫した理屈は時として、現実の政治がその理屈にしばられることになる。大政委任論がまさにそうで、権威の源泉を天皇からの委任に置いたことにより、結果として明治維新時の大政奉還に道を開くことになった。その意味でも、近代の始点を定信の時代に想定することは一つの卓見であると思われる。

靖国問題。靖国神社をめぐる問題は本質的には日本国憲法が定める政教分離原則の問題だと思料するが、本書は、吉田松陰、久坂玄瑞、坂本龍馬の3人を祀られた人々、井伊直弼、近藤勇、篠田儀三郎（白虎隊）の3人を祀られぬ人々（西郷隆盛もそうである）として対比させ、読者に問題の在り処を考えさせるスタイルをとっている。なお龍馬については、実は何もしていないと指摘しているが同感だ。本当に龍馬が薩長同盟の功労者であれば、西郷や大久保利通、木戸孝允らが維新が成就した後に彼の功績を讃えたはずだがそうした資料は全く残されていないのである。龍馬が有名になったのは司馬遼太郎の小説『竜馬がゆく』の影響であることに疑いはない。いわゆる「司馬史観」については、『坂の上の雲』でも何人かの学者によってそのゆがみが指摘されている。著者は、「司馬が嫌いで彼の歴史認識を批判するのではありません。そうではなく、彼の史観が世間で一人歩きし、現在の学界の研究状況とは明らかに異なる認識がいまなお幅を利かしていることに対して、警鐘を鳴らしている」と述べているがその通りであろう。僕は司馬の文体がけっこう好きで著作の大半は読んでいるが、司馬の著作は最高のエンターテインメントであって歴史とは無縁だと考えている。史実とフィクション（エンターテインメント）を峻別することは基本中の基本だが、「司馬史観」の蔓延はゆがみを指摘しないわが国の学者、学界の体質にも拠るのではないか。これは、呉座勇一が『陰謀の日本中世史』で正面から提起した問題でもある。

よく使われる「自虐史観」という決め台詞がある。著者は「それはそういう人たち自身の、自信の無さを示しているのではないでしょうか」と指摘した上で、その歴史認識を「自慰史観」と呼ぶ。一種の宗教だと。なるほど、対語としては面白い。僕は歴史は科学だと思っている。即ち、過去に起こった出来事をあらゆる科学的な手法を使って再現しよう、少しでもファクトに近づこうとする試みが歴史なのだ。だとすると、自虐も自慰もあったものではない。もちろん、著者の「目をそむけるな、耳にしたくない話でも、おとなは若者に包み隠さず過去の事実を知らせる義務がある」という主張には100％賛同する。なぜなら（再びルカーチを引こう）「自分が生まれる前のことについて無知でいることは、ずっと子供のままでいることだ」から。

著者は柳田國男を引いて一般民衆を「常民」と呼ぶが、明治時代における国家神道の創造や古代の皇族の英雄化には、常民も主体的に関わってきたと指摘する。橿原神宮、近江神宮、平安神宮、吉野神宮、明治神宮は民衆の古来の信仰とは別に、権力側の意向で人為的に設けられたものではあるが、地元の人たちをはじめとする常民も多数積極的に協力していた。日本武尊、神功皇后、聖徳太子の3人の業績伝承が歴史的事実でないことは言うまでもないが、これら天皇や皇族の神格化（再編成）は政府側の一方的な押しつけによるのではなく「常民」の側にも進んでそれを受け入れようとする精神構造があったのである。「吉野朝」（南朝正統論）の問題もその典型であり、こうした精神構造は江戸時代後半になってから培われ、歴史的に形成されてきたと著者は主張する。僕はそこに朱子学浸透の影を見るが、だからこそ本書はペリー来航からではなく寛政期から語りはじめる必要があったのだ。この政府と「常民」の共犯関係は、第二次世界大戦の戦争責任を考える上でも極めて示唆に富む。軍部や財閥、「革新官僚」たちが悪人で、善良な一般国民は彼らに騙されていただけなのだろうか。歴史はわかりやすい図式で見てはいけないのだ。

本書は教育の重要性についても「実学偏重は危ない」など本質的、今日的な問題提起を行っており、日本の明日を担う若い世代が歴史の面白さや大切さを学ぶには格好の1冊だと考える。ぜひとも手に取って読んでみてほしい。最後に1点だけ著者に苦言を呈したい。著者は「科学たろうとすればするほど、歴史はつまらなくなる」と述べているが、では、リチャード・ドーキンスの著作は、科学そのものだと思うが、なぜあれほどまでに面白いのだろうか。僕は科学としての歴史もドーキンスのようにいくらでも面白く書けるはずだと信じている。

本書は二〇〇九年十一月にトランスビューより刊行された。
文庫化に際し、加筆、修正を行った。

ちくま文庫

父《ちち》が子《こ》に語《かた》る近現代史《きんげんだいし》

二〇一九年十一月十日　第一刷発行

著者　小島　毅（こじま・つよし）

発行者　喜入冬子

発行所　株式会社　筑摩書房
東京都台東区蔵前二―五―三　〒一一一―八七五五
電話番号　〇三―五六八七―二六〇一（代表）

装幀者　安野光雅

印刷所　株式会社精興社

製本所　加藤製本株式会社

ISBN978-4-480-43632-0 C0121